Für Justus und Arthur

Heidemarie Langer

Versteckte Geschenke

Kalendergeschichten
von Advent bis Heilige Drei Könige

Luther-Verlag

Bibliographische Information der Deutschen Nationalbibliothek
Die Deutsche Nationalbibliothek verzeichnet diese Publikation
in der Deutschen Nationalbibliographie;
detaillierte bibliographische Daten sind im Internet
über http://dnb.d-nb.de abrufbar.
ISBN 978-3-7858-0674-6

© Luther-Verlag, Bielefeld 2015

Das Werk einschließlich aller seiner Teile ist urheberrechtlich geschützt.
Jede Verwertung außerhalb der engen Grenzen des Urheberrechts ist ohne Zustimmung
des Verlages unzulässig und strafbar. Das gilt insbesondere für Vervielfältigungen,
Übersetzungen, Mikroverfilmungen und die Einspeicherung und Verarbeitung
in elektronischen Systemen.

Umschlaggestaltung: Studio Meike Langer, Weimar
Satz: Luther-Verlag, Bielefeld
Bilder und Vignetten: Heidemarie Langer, Hamburg
Druck und Bindung: ROSCH-Buch Druckerei GmbH, Scheßlitz
Printed in Germany

Inhalt

Vorwort 7

1. ADVENTSWOCHE 10
Advent 11
Die Kerze 13
Das Geheimnis 15
Der Bahnhofsengel 19
Die Lichterkette 21
Der andere Nikolaus 25
Der Traum 29

2. ADVENTSWOCHE 30
Willkommen 31
Der Alte 33
Das Haus 37
Die Träumende 41
Das Warten 43
Die Lilie 45
Das Schattenspiel 47
Die Anfängliche 49
Das Gebirge 51

3. ADVENTSWOCHE 52
Der Sternenmantel 53
Der Adventskalender 55
Die Umstellung 57
Der Leitstern 61
Die Liebe 65
Die Glocke 67
Der Heiligabend 69

4. ADVENTSWOCHE 74
Die Heilige Nacht 75
Die Weihnachtspredigt 77
Das Tuch 81
Der Esel 85
Der Seniorenchor 89
Der Hirtenjunge 93
Der Hirtenstab 97

5. WOCHE 100
Wir 101
Die Erinnerung 103
Die Flöte 107
Das Versteck 111
Der Tisch 113
Das besondere Geschenk 117
Das Glöckchen 119
Die Jahres-Wende 123
Der Tannenbaum 127

6. WOCHE 132
SIE 133
Der Stall 135
Die andere Nacht 139
Das Königserwachen 141
Der Strand 147
Die Steine 151
Die Geburt 153

Lebendiges im Jetzt – Nachwort und Dank 154
Inspirationen 158
Lied- und Bibelstellenverzeichnis 160

Vorwort

In der Kindheit begann Advent damit, dass wir den Karton mit dem Advents- und Weihnachtsschmuck vom Dachboden holten und öffneten.

Was alles kam zum Vorschein, das wir übers Jahr längst vergessen hatten! Die Dinge brachten Erinnerungen mit sich, die nun auflebten und wie neu erschienen. Was schon immer da war, war jetzt.

Die Eltern wollten nicht, dass wir alles auf einmal auspackten, sondern täglich immer nur ein Stück. Da murrten wir nicht selten, denn wir waren natürlich gespannt darauf, was wir noch alles finden könnten. Und doch brachte dieses „Immer nur eins" etwas Besonderes mit sich. Wir schauten öfter hin, entdeckten anderes, auch Neues, staunten, was sich alles in einem einzigen Gegenstand zeigte.

Advent

Vom Fest der Weihnacht aus erlebten wir an jedem Tag einen Glanz.

Aus der Engel-Musik-Gruppe holten wir anfangs nur zwei Spieler hervor, dann täglich mehr. Wir wussten ja, dass bis Weihnachten die ganze Kapelle vollzählig da stehen würde und freuten uns darauf. Was noch nicht da war – war schon jetzt.

Versteckte Geschenke

Wahrnehmen, was im Jetzt geschieht,
das immer da war und nun neu aufleuchtet,
das noch nicht ist und doch schon da ist.
Wahrnehmen, was alles da ist und im Jetzt entgegenkommt –
davon erzählen meine Geschichten.

Wie ein adventlich-weihnachtliches Geschenk-Paket möchten sie zu Ihnen kommen und von Ihnen über die Wochen geöffnet werden.

Sehr unterschiedlich sind sie mit ihren Erlebnissen und ihrem Geschehen. Rituale, Motive, Gestalten erzählen, alte Geschichten begegnen heutigen. Ganz verschieden sind sie in Form und Farbe als Geschenke verpackt.

Wie werden Sie sie auspacken?
    Erst mal alle 40 anschauen, stöbern, blättern, dann ausgewählt lesen oder gleich der Reihe nach?
    Was werden Sie entdecken?
    Was wird Ihnen in Ihrer jetzigen Lebens- und Lesesituation begegnen?

Vielleicht gefällt Ihnen eine Geschichte, ist vertraut oder auch neu.
    Vielleicht tauchen Erinnerungen in Ihnen auf, regen an, wecken die Neugier Ihres inneren Kindes.
    Vielleicht sagt Ihnen eine Geschichte nicht zu und führt Sie zu anderen eigenen Gedanken.
    Vielleicht lesen Sie Tag um Tag bewusst nur eine Geschichte, das dazugehörende alte Lied, den alten Text, und lassen sich eine Weile darauf ein, was in Ihnen nachklingt.

Ich wünsche Ihnen,
    dass Sie – wie versteckt auch immer –
    an irgendeiner Stelle etwas für Ihr Leben entdecken
    und Sie im Aufnehmen und Wirken-Lassen beschenkt werden.

Hamburg, im August 2015   *Heidemarie Langer*

Sehnsucht

Alles beginnt mit der Sehnsucht,
immer ist im Herzen Raum für mehr,
für Schöneres, für Größeres.
Das ist des Menschen Größe und Not:
Sehnsucht nach Stille, nach Freundschaft und Liebe.
Und wo Sehnsucht sich erfüllt,
dort bricht sie noch stärker auf.
Fing nicht auch deine Menschwerdung, Gott,
mit dieser Sehnsucht nach dem Menschen an?

Aus dem Gedicht einer / eines Unbekannten
(häufig Nelly Sachs zugeschrieben)

1. ADVENTSWOCHE

Advent

Da bist du – so wie du bist
einfach da
und lässt Advent zu dir kommen.

Du musst nichts tun.
Advent hat nichts mit Machen zu tun.
Advent kommt, Advent geschieht.

Du kannst eine Kerze anzünden.
Ja, das kannst du machen.
Doch ihr Leuchten – das schenkt sich.

Wenn du magst,
kannst du spüren, was mit dir geschieht an diesem Licht.
Ja, das kannst du machen.

Lass dich beschenken –

Advent

Wie soll ich dich empfangen
und wie begegn ich dir,
o aller Welt Verlangen,
o meiner Seelen Zier?
O Jesu, Jesu, setze
mir selbst die Fackel bei,
damit, was dich ergötze,
mir kund und wissend sei.

Dein Zion streut dir Palmen
und grüne Zweige hin,
und ich will dir in Psalmen
ermuntern meinen Sinn.
Mein Herze soll dir grünen
in stetem Lob und Preis
und deinem Namen dienen,
so gut es kann und weiß.

EG 11, 1 – 2

Die Kerze
spricht

Es ist wirklich nicht viel dran an mir und meinem Rot. Und doch reicht mein kleines Licht, um einen Zweig zum adventlichen Gesteck werden zu lassen und einen Raum erhellend zu verändern. Das ist schon erstaunlich.

Einmal erlebte ich es in einer Familie, wo es Sitte war, unmittelbar vor dem Advent in jedem Raum ein kleines Tannengesteck hinzustellen. So auch im Zimmer der Kinder.

Frühmorgens weckte die Mutter die Kinder, da sie zur Schule gehen sollten. Ich bekam mit, dass sie alles wollten, nur noch nicht aufstehen. Sie zogen sich die Decke über den Kopf, um noch ein wenig zu schlummern und die wiederum rufende Stimme der Mutter zu überhören. Doch es half nichts. Sie mussten aus den Federn. Nörgelnd quälten sie sich aus den Betten.

Draußen war es dunkel und nasskalt. Wie sehr konnte ich die Kinder verstehen, dass sie lieber im warmen Bett geblieben wären. Ehrlich gesagt kann ich es sowieso nicht einsehen, dass die Schule so früh beginnt und nicht einmal im Winter ihre Zeiten etwas lockernd verändert. Schauderhaft. Wie kann man da lernen, wenn man innerlich noch schläft.

Nun, es war so. Und als die Kinder aus dem Haus waren, konnte ich merken, welch meckernd schlechte Stimmung sie hinterlassen hatten.

Und dann änderte sich alles. Na nicht alles, die frühen Schulzeiten blieben und das scheußliche Wetter auch. Doch es wurde Advent. Am Montagmorgen kam die Mutter ins Zimmer der Kinder und zündete mein Licht an.

Kein Wort sagte sie, ließ die Tür offen stehen – und dann erklang eine Melodie. Anscheinend hatte sie sich ans Klavier gesetzt und spielte nun. Nicht besonders gut. Doch der Klang des Liedes veränderte die Atmosphäre im Kinderzimmer ebenso wie mein Licht. Ich konnte es sehen, wie die Kinder zu mir hinblinzelten und am Schein und Klang langsam aufwachten – bedacht, zart, verwundert.

So lagen sie eine Weile da – und niemand musste sie rufen oder ermahnen.

Es kommt ein Schiff, geladen
bis an sein' höchsten Bord,
trägt Gottes Sohn voll Gnaden,
des Vaters ewigs Wort.

EG 8, 1

Das Geheimnis
ein Vater spricht

Es war ein warmer Sommertag, als wir beschlossen, zum Hafen zu gehen und die Schiffe zu betrachten.

Selbst war ich ein wenig zögerlich, mich unter die große Menschenmenge zu mischen, die erwartungsgemäß da sein würde.

Doch du wolltest unbedingt dabei sein. Und so zogen wir los.

Einmal dort, fühlte ich mich dir verbunden, denn es war wirklich spannend, die hereinkommenden Schiffe zu sehen. Wir staunten, wie vielfältig verschieden sie waren und wie prachtvoll majestätisch manche auf dem Strom dahinglitten.

Du zeigtest auf ein sehr altes Schiff aus Holz, das dir aufgefallen war und das du besonders schön fandest. Gebannt schautest du es an und rätseltest daran herum, wo es wohl her kam und was wohl in ihm drin sei, womit es beladen sei.

Wir studierten die Beschreibungen im Programmheft; doch wir fanden nichts Schriftliches für dieses alte Schiff.

„Vielleicht ist es ein Geheimnis" – sagte ich schmunzelnd.

Da meintest du:

„Dann ist es wie Weihnachten."

„Wie, was? Wie kommst du denn jetzt auf Weihnachten?", fragte ich erstaunt.

„Da ist auch alles mit Geheimnissen voll, bis wir die Geschenke auspacken dürfen."

Überrascht und verwundert an solch schnellen Gedanken-Assoziationen beugte ich mich zu dir hinunter, schüttelte dich ein wenig an den Schultern und sagte lachend:

„Du bist auch so ein Geheimnis, Kerle!

Was in dir noch alles drinsteckt,

was aus dir noch alles heraus will ..."

1. ADVENTSWOCHE

Das Schiff geht still im Triebe,
es trägt eine teure Last;
das Segel ist die Liebe,
der Heilig Geist der Mast.

Der Anker haft' auf Erden,
da ist das Schiff am Land.
Das Wort will Fleisch uns werden,
der Sohn ist uns gesandt.

EG 8, 2 – 3

Du lachtest mit.
    Dann sahst du mich mit einem Mal fast ernst an.
    „Sind alle Kinder ein Geheimnis?"
    „Ja sicher. "

Und bevor ich über meine spontane Antwort noch weiter nachdenken konnte, hörte ich dich sagen:
    „Du bist auch eins."
    „Na ja, nicht wirklich", antwortete ich, „ich bin schon recht alt."

„Das Schiff auch."

Ein Funke, aus Stein geschlagen,
wird Feuer in kalter Nacht.
Ein Stern, vom Himmel gefallen,
zieht Spuren von Gottes Macht.

So wie die Nacht flieht vor dem Morgen,
so zieht die Angst aus dem Sinn,
so wächst ein Licht in dir geborgen,
die Kraft zum neuen Beginn.

Gregor Linßen[1]

Der Bahnhofsengel
spricht

Im Züricher Hauptbahnhof grüßen Engel.

Ein Großer ist der Künstlerin Niki De Saint Phalle zu verdanken. Prächtig wundervoll farbig verschönt er eine der hohen Hallen, grüßt aus der Luft und erfreut viele.

Ich selbst bin ein kleiner und für die meisten Menschen unsichtbar. Nur wenige merken mich. Und das ist gut so, denn bemerken mögen sie einen anderen Engel, der hier ebenso lebt, und bei dem ich mich oft aufhalte:

Es ist eine alte Frau.

Seit Jahren und Jahrzehnten findet sie sich hier tags wie abends ein. Gebeugt, fast verkrümmt lehnt sie sich auf ihren Karren, an dem viele Tüten hängen, und schaut immer einmal wieder aus ihrer gebückten Haltung zu den Menschen.

Sichtbar und für mich wahrnehmbar hat sie Schmerzen, wenn sie sich vorwagt, ihren Hals und Kopf zur Seite und nach oben zu drehen, um sich zu vorbeigehenden Menschen etwas aufzurichten und sie anzuschauen.

„Wir müssen sie segnen", sagt sie mir.

„Nicht ich, die Alte, viele andere sind bedrückt, auch wenn man dies nicht sehen kann. Ich kann es spüren.

Einen Gruß brauchen sie.

Komm, wir müssen sie segnen!"

Manche bleiben stehen, sehen sie an, lächeln.

Manchmal schenkt ihr jemand eine Blume oder jetzt im Advent einen Stern oder Engel aus Lebkuchen.

Da kann es passieren, dass plötzlich meine Flügel aufgehen.

Man sieht es auf ihrem Gesicht.

O Heiland, reiß die Himmel auf,
herab, herab vom Himmel lauf,
reiß ab vom Himmel Tor und Tür,
reiß ab, wo Schloss und Riegel für.

EG 7, 1

Die Lichterkette
ein Vater spricht

In den ersten Tagen des Advent konnten wir jedes Jahr sehen, wie die Nachbarn an ihren Wohnungen und Häusern Lichterketten anbrachten. Wunderschön sahen sie abends aus. Manchmal allerdings kam mir dieser Lichterschmuck allzu gekünstelt vor, wenn ich sah, wie sie auch noch Büsche und Bäume damit umgeben hatten; geschweige denn die anderen Nachbarn, die Gestalten wie Elche und Weihnachtsmänner als bunte Lichterformen an ihre Häuser hingen.

Zu viel ist zu viel.

„Wir könnten doch mal drauf verzichten und uns nur den echten Kerzen in der Wohnung hinwenden", meinte ich. Doch da erntete ich Protest. Sie hätten sich alle schon so auf die Lichterketten gefreut …

Also gut. Dann aber bitte nicht wie die Nachbarn, bitte nur eine; die um die Eingangstür am Haus. Gesagt, beschlossen, getan.

Über die Tage und Abende merkte ich, wie ich mich selbst wieder mitfreute. Es ist ja ein ganz anderes Nachhause-Kommen nach getaner Arbeit, wenn man von hellem Licht über der Tür begrüßt wird.

Willkommen, so denkt und empfindet man. Willkommen bin ich hier, hier ist es licht. Hier wird der Eingang zum Empfang.

Dann geschah es, dass uns in jenen Tagen eine schwere Nachricht erreichte. Einer unserer liebsten Freunde war plötzlich gestorben. Wir waren geschockt. Wie konnte das geschehen sein?

Schrecken und Trauer zogen in die Familie ein, denn alle hatten ihn geliebt, ihn, Harald. Es war, als wäre die gesamte schöne Adventsstimmung mit einem Mal verloschen.

An einem Abend kam ich von der Arbeit nach Hause und stellte fest, dass die Lichterkette über der Tür nicht aufleuchtete. Ist etwas mit der Sicherung passiert?, fragte ich mich und ging nachsehen. Da hier alles in Ordnung war, ging ich nochmals zum Stecker an der Eingangstür.

1. ADVENTSWOCHE

Wo bleibst du, Trost der ganzen Welt,
darauf sie all ihr Hoffnung stellt?
O komm, ach komm vom höchsten Saal,
komm, tröst uns hier im Jammertal.

O klare Sonn, du schöner Stern,
dich wollten wir anschauen gern;
o Sonn, geh auf, ohn deinen Schein
in Finsternis wir alle sein.

EG 7, 4 – 5

Da kam unser Jüngster auf mich zu und sagte, er wolle keine Lichterkette mehr.
„Wieso denn?"
„Weil Harald tot ist."
Ich stutzte.
„Warst du das?", fragte ich ihn.
„Weil Harald gestorben ist, ziehst du den Stecker heraus?"
„Nein, das war Gott."

Betroffen nahm ich ihn in den Arm und merkte, wie ich mit ihm weinen wollte.

„Ja", sagte ich nach einer ganzen Zeit zu ihm.
„Ja, Gott hat sein Licht ausgelöscht, sein Licht hier auf der Erde.
Und die Tür ist dunkel.
Ja.
Vielleicht gibt es für Harald jetzt eine Tür im Himmel, die für ihn leuchtet –.
Ja, vielleicht ist es so", sagte ich zögerlich.
Aneinander gelehnt blieben wir lang zusammen und wärmten uns.

Als ich am darauffolgenden Abend von der Arbeit nach Hause kam, sah ich schon von Weitem die neu erleuchtete Lichterkette. Ja, bei näherem Hinsehen konnte ich erkennen, dass mit ihr etwas geschehen war: Tatsächlich. Es waren zwei Lichterketten, die die Tür umgaben.
„Zwei?", fragte ich meinen Sohn, der mir entgegenkam.
„Ja, eine für uns und eine für Harald."

Macht hoch die Tür, die Tor macht weit;
es kommt der Herr der Herrlichkeit,
ein König aller Königreich,
ein Heiland aller Welt zugleich,
der Heil und Leben mit sich bringt;
derhalben jauchzt, mit Freuden singt:
Gelobet sei mein Gott,
mein Schöpfer reich von Rat.

Er ist gerecht, ein Helfer wert;
Sanftmütigkeit ist sein Gefährt,
sein Königskron ist Heiligkeit,
sein Zepter ist Barmherzigkeit;
all unsre Not zum End er bringt,
derhalben jauchzt, mit Freuden singt:
Gelobet sei mein Gott,
mein Heiland groß von Tat.

EG 1, 1 – 2

Der andere Nikolaus

„Sag mal, hast du was im Schuh?"

Es war der Morgen vom Nikolaustag, und sie war früh aufgestanden, um vor der Tür nachzusehen, was der Nikolaus gebracht hatte.

„Bei mir ist nichts drin, schau mal bei dir."

„Kann nicht sein", sagte er – doch dann: „Merkwürdig – bei mir ist auch nichts; und dabei hab ich gestern extra die Schuhe geputzt. Na, fragen wir mal die Nachbarn."

Die kamen ihnen bereits entgegen. Ja, aus allen möglichen Häusern im Viertel strömten Kinder und Erwachsene zusammen. Nirgendwo war ein Nikolaus gekommen.

„Das gibt es doch nicht", sagte die Frau. „Da muss was schiefgelaufen sein. Ich werd ihn mal anrufen; ich hab ja seine Geheimnummer."

Sie wählte, und alle waren still, stellten sich erwartungsvoll um sie herum.

„Nikolaus" – sein Handy ging; er war tatsächlich dran. „Nikolaus, wo bleibst du, wir warten alle auf dich. Wo steckst du?"

„Ja, ihr Lieben", ertönte eine heisere Stimme. „Es stimmt: ich stecke, ich stecke fest."

„Du steckt fest? Bist du im Stau?"

„Nein."

„Steckt der Schlitten fest?"

„Jaja, nein."

„Sind es die Tiere?"

„Ja, nein."

„Streikt ihr?"

„Nein, ja."

„Was ist los?"

„Ich stecke fest – ich sagte es doch; ich komm nicht raus."

„Was, wie – nicht raus?"

„Ich bin auf meiner Zeitreise zu euch durch Zufall in eine archaische Rille gelangt, eine klebrige Erinnerungs-Spur in der Atmosphäre. Und sie hält uns fest, Ruprecht und die Tiere und mich. Sie klemmt, bedrängt. Wir sehen nur noch Dunkel und Schrecken, die sich hier seit Generationen angesammelt haben. Sie ballen sich zusammen und ziehen uns runter, halten uns in einer der Endzeitspiralen fest. Wir kommen nicht raus – ihr Lieben! Und nun bekriegen sie sich auch noch mit den Religionen und streiten um den richtigen Himmel ..."

„Nikolaus, komm da raus!", riefen die Menschen. „Komm zu *uns*!"
„Ich schaffe es nicht. Auch nicht mit den Tieren und Ruprecht. Der ist ganz verzweifelt."
„Kommt raus! Kommt zu uns! Können wir hier was tun?"
„Ja, probiert es, uns rauszuholen aus diesem festgefahrenen Mist. Singt, ihr Lieben, vielleicht hilft das."

Da fingen wir alle an zu singen: „Nikolaus, komm in unser Haus."
„Das reicht nicht!"
„Morgen kommt der Weihnachtsmann."
„Das geht noch immer nicht. Singt: ‚Macht hoch die Tür, die Tor macht weit'.
Das ist schon besser. Ich kann mich schon etwas bewegen. Singt voller, lauter! Gut, ihr Lieben, gut!
Die Tiere rühren sich. Singt weiter, heiterer, wärmer!
Ja, jetzt bewegt sich der Schlitten. Ja – macht hoch die Tür, die Tor macht weit – euer Herz – singt das noch mal tänzerischer!"

Wir bemühten uns, und es gelang. Es machte sogar Spaß.

„Lauter, heller, schwingender ...! Ja, jetzt komme ich raus. Mit Freuden singt ...
Wir kommen, die Tiere wiehern ... Da – da – wir sind endlich raus!

Lauter helle Kugeln umgeben uns, bunte Sterne, viele wunderbare Lichter. Sie holen uns – und wir steigen! Es sind eure Wünsche, ihr Lieben! Die sind hier leuchtende Kugeln, lichte Sterne. Wir steigen, wir steigen – es ist wunderbar! Eure lichten Gedanken und Träume, sie wandern, sie ziehen hinauf, schweben zum Zukunftshimmel und machen ihn auf.

Ja, sie fangen an, ihn vorzubereiten. Ihr leuchtet in eure Zukunft – eine neue – mit euren feinen Gedanken. Und da – Engel schwingen ein ..."

„Nikolaus, komm zu *uns*!", riefen die Kinder. „Zieh nicht in den Zukunftshimmel! Komm hierher – jetzt gleich, heute!"
„Ach, es ist so gut hier oben."
„Nikolaus, wir brauchen dich *hier*!"

„Also gut, ihr Lieben, ich komme. Doch vorher mach ich Abdrücke von euren Zukunftswünschen, euren hellen Gedanken-Träumen – und bringe sie euch mit! Ha – ich tue sie heute Nacht in eure Schuhe! Ja, dann kommt ihr in die Puschen. Dann *wisst* ihr, wie es schon jetzt gut weitergehen kann!"

„Ja, Nikolaus, ja!", riefen wir alle. „Und bitte bring auch Schokolade!"

Luna mit silbernem Schein
gucket zum Fenster herein.
Schlafe beim silbernen Schein.
Schlafe, mein Kindchen, schlaf ein ...

Friedrich Wilhelm Gotter

Der Traum
eine Mutter spricht

Bleib nur im Bett, du hast Fieber.
Ganz heiß bist du
und du frierst?
Komm, ich deck dich noch mal zu.

Du stöhnst in deinen halbwachen
Träumen –
Was sagst du – du schwimmst?
Ja, das wird so sein in deinem Schwitzen –
komm, ich wisch dir die Stirn.
Nein, ich geh nicht weg.

Licht, sagst du,
der Mond – was flüsterst du,
der Mond schwimmt?

Ja, der Mond
schwimmt am Himmel,
im Sternenmeer.
Das trägt ihn,
da kann er nicht untergehen –
und dir kann nichts geschehen –
hab keine Angst.

Ja, ich bleib hier.
Ich bin einfach bei dir
wie der Mond.

2. ADVENTSWOCHE

Willkommen

Willkommen – verkündet er ihr Gabriel
Willkommen – nimmt sie auf Maria
Willkommen – grüßt sie, zu der sie geht Maria – Elisabeth
Denn was geschieht
will kommen.

Zu der Zeit des Herodes, des Königs von Judäa,
lebte ein Priester von der Ordnung Abia,
mit Namen Zacharias, und seine Frau war
aus dem Geschlecht Aaron und hieß Elisabeth.
Sie waren aber alle beide fromm vor Gott
und lebten in allen Geboten
und Satzungen des Herrn untadelig.
Und sie hatten kein Kind; denn Elisabeth war unfruchtbar
und beide waren hochbetagt.
Und es begab sich, als Zacharias den Priesterdienst
vor Gott versah, ... da erschien ihm der Engel des Herrn.
...
Und als Zacharias ihn sah, erschrak er,
und es kam Furcht über ihn.

Lukas 1,5 – 12

Der Alte
spricht

Ich bin am Ende. Lieber Himmel, es ist vorbei. Es geht nicht weiter. Und mir fällt nichts mehr ein.

Es ist vorbei. Immer wieder hämmert dieser Satz in mir. Verflixt, was ist nur geschehen, dass mich dieser Satz nicht entlässt – als wäre er stärker als ich – so dröhnt er in mir.

Nie hätte ich ihn mir in all den Jahren und Jahrzehnten erlaubt.

Wir waren stark, wir waren angesehen, erfahren.

Ja, sicher gab es die Aufs und Abs. Und sicher gab es Phasen, wo es so bergab ging, dass meine Mannschaft schon nicht mehr an einen Aufschwung glaubte; nur ich. Natürlich glaubte ich an ein Durchkommen und Weitergehen.

Nie hätte ich mir selbst erlaubt, nicht an ein mögliches Weiter zu denken, In jeder noch so schwarz aussehenden Krise wusste ich einen Weg oder holte gute Beratung. Das machte uns aus, mich: bewährt, zuverlässig, vertrauend, erfinderisch, nach vorn sehend.

Doch was ist mit mir geschehen, dass ich diese Sicht verloren habe.

Ich wälze Bilanzen, ich suche Gespräche, lese innovative Magazine, fahre Rad, um den Kopf frei zu bekommen – doch es fällt mir nichts ein, nichts mehr.

Die Fakten stehen auf Minus.

Doch nicht nur wir, das Werk, auch ich selbst bin am Ende. Ich werde die Menschen entlassen müssen, das Werk schließen und – mich selbst entlassen. Entsetzlich!

„Kannste mal kommen?", fragt mich der Kleine, der zur Tür hereinkommt.

„Jetzt nicht, ich habe zu tun."

„Doch jetzt!"

„Ich bin mitten im Vordenken, das geht jetzt nicht."

„Doch!"

„Na, was ist?"

Aber der Engel sprach zu ihm:
„Fürchte dich nicht, Zacharias, denn dein Gebet
ist erhört, und deine Frau Elisabeth wird dir einen Sohn
gebären ...
Und du wirst Freude und Wonne haben ...
Denn er wird groß sein vor dem Herrn ...
und wird schon von Mutterleib an erfüllt werden
mit dem heiligen Geist ...
Er wird die Herzen der Väter zu den Kindern wenden,
die Ungehorsamen zur Klugheit der Gerechten ..."

Und Zacharias sprach zu dem Engel:
„Woran soll ich das erkennen? Denn ich bin alt,
und meine Frau ist betagt."

Da sagte der Engel:
„... Du wirst stumm sein bis zu dem Tag,
an dem dies geschehen wird."

Lukas 1,13 – 20

„Mein Reißverschluss ist kaputt.

Guck, hier im Anorak – der geht nicht rauf und runter."

Muss das jetzt sein?, denke ich. Dann knie ich mich vor den Kleinen und betrachte seine Jacke.

Tatsächlich. Das Textil auf der einen Seite ist mitten in den Verschluss eingeklemmt. Ich taste mich vor, probiere, zaghaft zu ziehen. Ich bewege den Zipper nach oben, da klemmt der Stoff noch mehr. Nach unten, jetzt geht es auch hier nicht weiter. Kein rauf, kein runter.

„Nicht ziehen!", sagt der Kleine.

„Ja gut, ich muss ein wenig ziehen, um den Stoff herauszuholen."

„Ja, aber nich kaputt machen!"

Nein, nicht kaputt machen – denke ich – und zuckele vorsichtig zu den Seiten, ruckele ein wenig am ganzen Anorak, damit sich das Eingeklemmte lösen kann.

„Nicht ziehen, nich kaputt machen!"

„Doch, ein wenig muss ich ziehen, um es zu lösen."

Zu lösen – denke ich und spür meine Finger zittern.

„Nich so doll."

Vorsichtig lösen, denke ich und muss dann doch bei aller Achtsamkeit ein wenig am Stoff zerren; eine Hand am Anorak, die andere an der Verschlussklemme.

Da!

Mit einem Mal halte ich beide Enden in Händen. –

Gelöst – frei!

Fast ungläubig überrascht sehe ich den Kleinen an. Wie von selbst öffnen sich meine Arme mit den freien Enden. „Schau, da sind sie!", rufe ich strahlend.

Er lacht mich an. „Nu neu zusammen tun!"

Und das Volk wartete auf Zacharias und wunderte sich, dass er so lange im Tempel blieb.
Als er aber herauskam, konnte er nicht mit ihnen reden; und sie merkten, dass er eine Erscheinung gehabt hatte im Tempel.
Und er winkte ihnen und blieb stumm.

Und es begab sich, als die Zeit seines Dienstes um war, da ging er heim in sein Haus.
Nach diesen Tagen wurde seine Frau Elisabeth schwanger und hielt sich fünf Monate verborgen.

Lukas 1,21 – 24

Das Haus
spricht

Es war schon eigen, als er herkam.

Normalerweise geht er sogleich zu seiner Frau Elisabeth, umarmt, begrüßt sie und erzählt, was er im Dienst erlebt hat.

Heute aber kam er eher traumwandlerisch benommen, wie nicht ganz bei sich. Ich dachte schon, er sei krank, denn er verzog sich in sein Zimmer, verschloss die Tür.

Irgendwann kam seine Frau und klopfte an. Er öffnete. Da sah sie, dass etwas mit ihm geschehen war, so blass und doch licht war sein Gesicht.

Und er sagte nichts.

Es war gut, mit anzusehen, wie sie sich umarmten; da brauchen sie sowieso keine Worte. Und doch ist mir unheimlich zumute.

Welche Atmosphäre breitet sich in mir aus? Es ist eine dunkel schwere und zugleich leichte Schwingung, die ich hier so noch nie erlebte.

Und sie dauert, hält an.

Manchmal verdichtet sie sich, manchmal lichtet sie sich; doch immer bleibt das Geheimnisvolle in ihr und damit in mir. Was geschieht?

Oft sind die beiden beieinander, dann wieder jeder ganz bei sich, in sich. Kein Wort reden sie. Und doch spricht es, wenn sie zusammen sind und erfüllt auch mich.

Alt sind die beiden, jahrzehntelang vertraut. Und nun?

Über die Wochen sehe und spüre ich, wie Ungewohntes geschieht, ja, wie völlig Neues entsteht.

Das Gesicht des Alten wird klarer, fast jung sieht er aus.

Und sie – nicht zu fassen, sie ist schwanger.

Die Alten erwarten ein Kind.

2. ADVENTSWOCHE

Was hast du unterlassen
zu meinem Trost und Freud,
als Leib und Seele saßen
in ihrem größten Leid?
Als mir das Reich genommen,
da Fried und Freude lacht,
da bist du, mein Heil, kommen
und hast mich froh gemacht.

EG 11, 3

Jahrzehntelang haben sie darauf gewartet, gehofft.
    Und nun, wo sie alt sind?

Neues Werden erfüllt die Luft und mich, das ganze Haus.
    Neues werdendes Leben auf dem Boden der Alten!
    Staunend frage ich mich, was es ist und was es sein wird,
    dass scheinbar gerade die Alten für dieses Neue gebraucht werden?

Vielleicht werd ja auch ich neu, ich altes Haus,
träume ich vor mich hin.
Nein, nicht äußerlich, ganz von innen her.

2. ADVENTSWOCHE

Nach diesen Tagen wurde Elisabeth schwanger …
und sprach: So hat der Herr an mir getan in den Tagen,
als er mich angesehen hat,
um meine Schmach unter den Menschen
von mir zu nehmen.

Lukas 1,24 – 25

Ich lag in schweren Banden,
du kommst und machst mich los;
ich stand in Spott und Schanden,
du kommst und machst mich groß
und hebst mich hoch zu Ehren
und schenkst mir großes Gut,
das sich nicht lässt verzehren,
wie irdisch Reichtum tut.

Nichts, nichts hat dich getrieben
zu mir vom Himmelszelt
als das geliebte Lieben,
damit du alle Welt
in ihren tausend Plagen
und großen Jammerlast,
die kein Mund kann aussagen,
so fest umfangen hast.

EG 11, 4 – 5

Die Träumende
spricht

Ich sage nichts mehr, ich denke es.
Ich lebe in diesen Gedanken, meinen Träumen.

Sie sagen, ich sei jetzt zu alt.
Sie sagen, es sei nicht mehr die Zeit –
es würde niemand hören –
es sei komplettt unrealistisch –
ich sei fern jeder Wirklichkeit
und würde meine Zeit vergeuden.
Sie sagen, ich sei zu beharrlich
und könne einfach nicht loslassen.
Sie lachen mich aus
und nennen mich veraltet, vielleicht schon hirnverkalkt.
„Bleib nur in deiner Vorstellungswelt –
sie scheint dir wichtiger zu sein als jedes Heute", sagen sie
und wenden sich von mir ab, der alten Spinnerin.

Und ich spinne den Faden.
Ich sehe die kommenden Farben.
Ich lebe in ihrer Möglichkeit auf.
Sie ist schon.
Sie ist in mir
und sie wird werden.
Auch wenn es niemand anderer glaubt
wird es werden,
denn ich habe es gesehen.

Ihr dürft euch nicht bemühen
noch sorgen Tag und Nacht,
wie ihr ihn wollet ziehen
mit eures Armes Macht.
Er kommt, er kommt mit Willen,
ist voller Lieb und Lust,
all Angst und Not zu stillen,
die ihm an euch bewusst.

EG 11, 7

Das Warten
eine Mutter spricht

Seit Tagen sitzt du nur herum.
Du liest nichts, du spielst nicht, du werkelst nicht.
Du hörst keine Musik, gehst nicht ins Internet;
selbst dein Handy rührst du nicht an.
Was ist denn mit dir?
Worauf wartest du?
Wartest du darauf, dass deine Freunde *dich* anrufen?
Wartest du auf jemand besonderen, den du von dir aus
nicht anrufen magst?
Wie sollen sie dich anrufen, wenn dein Handy abgeschaltet ist?
Was ist mit dir?
Wieso stehst du nicht auf und gehst mal raus?
Denkst du?
Ja, grübelst du über etwas nach, ist es das?
Wartest du vielleicht auf eine besondere Idee?
Wieso sagst du nichts?
Worauf wartest du?

Ich warte gar nicht.
Ich bin einfach nur da.

Im sechsten Monat wurde der Engel Gabriel von Gott
gesandt in eine Stadt in Galiläa, die heißt Nazareth,
zu einer Jungfrau, die vertraut war einem Mann mit
Namen Josef vom Hause David;
und die Jungfrau hieß Maria.
Und der Engel kam zu ihr hinein und sprach:
„Sei gegrüßt, du Begnadete! Der Herr ist mit dir!"
Sie erschrak über die Rede und dachte:
Welch ein Gruß ist das?
Und der Engel sprach:
„Fürchte dich nicht, Maria ... du wirst schwanger werden
und einen Sohn gebären,
und du sollst ihm den Namen Jesus geben.

Lukas 1,26 – 31

Es ist ein Ros entsprungen aus einer Wurzel zart,
wie uns die Alten sungen, von Jesse kam die Art
und hat ein Blümlein bracht mitten im kalten Winter
wohl zu der halben Nacht.

EG 30, 1

Die Lilie
spricht

Vielen Menschen gefalle ich.

Vor allem in der Advents- und Weihnachtszeit haben sie mich gern in ihren Wohnungen, jedenfalls dann, wenn sie meinen unverwechselbaren Duft mögen, der die Räume füllt.

Meine hell sich entfaltenden Blüten entzücken die Menschen; und sie mögen es, wenn mehrere auf meinem Stengel wachsen und noch geschlossen sind. Täglich schauen sie nach mir, erfreuen sich an den Knospen und sind gespannt, welche sich als nächste öffnen wird.

Sie lieben dies Betrachten – vielleicht weil Advent ist und sie diesen sowieso mit einem sich immer weiteren Öffnen bis zur Weihnacht hin verbinden. Vielleicht auch, weil sie alte Bilder gesehen haben, auf denen der Engel Gabriel mit mir als Lilienstab vor Maria steht und ihr das Kind ankündigt, das sie empfangen wird. Wundervolle Darstellungen haben gerade alte Meister von dieser Szene gemalt. Da kann man sehen und fast schon den Duft wahrnehmen, wie innig der Engel der Maria verbunden mit mir da steht. Es ist, als könne man bereits sehen, wie das Kind in ihr knospen und aufblühen wird – so wie ich. „Und hat ein Blümlein bracht ..."

Welch wunderbare Geschichte im Advent, die solche Darstellungen und Lieder an mir hervorgebracht hat und innere Bilder vom Duft der Liebe öffnet.

Mit Liebe und Sehnsucht scheint es allerdings manchmal vorbei zu sein, wenn ich tatsächlich zu voller Blüte komme – in Wohnräumen, meine ich. Wenn es geschieht, eilen die Menschen herbei und schützen den Tisch oder Boden, auf dem ich stehe, denn mein nun herabfallender Blütenstaub färbt alles prächtig und nachhaltig ein, was er berührt.

So bin ich:
    leuchtend, duftend, nicht leicht in ein Gefäß zu bringen
    und bei aller Schönheit gefährlich gehaltvoll – wie die Liebe –
    nicht nur zur Weihnachtszeit – doch dann irgendwie besonders.

„Wie kann das geschehen?", fragte Maria.
Der Engel antwortete und sprach zu ihr:
„Der Heilige Geist wird über dich kommen,
und die Kraft des Höchsten wird dich überschatten ..."

Lukas 1,34 – 35

Das Blümelein so kleine,
das duftet uns so süß;
mit seinem hellen Scheine
vertreibt's die Finsternis.
Wahr' Mensch und wahrer Gott,
hilft uns aus allem Leide,
rettet von Sünd und Tod.

EG 30, 3

Das Schattenspiel
ein Vater spricht

Du magst es gern, wenn wir manchmal so da sitzen und unsere Hände spielerisch Formen finden, die als Schatten-Gestalten an der lichten Wand erscheinen. Ja, heute warst du wieder einmal quietschend vor Freude, als wir mit nur wenigen Fingern ein Reh hervorbrachten, dann einen hungrigen Wolf, eine sich immer weiter bewegende Schlange, ein Auge.
    Spaß macht es uns, die lebendigen Schatten zu sehen, ihre Gestalt zu verändern. Ja, was uns im wirklichen Leben berechtigte Angst machen würde – zum Beispiel einem gierigen Wolf zu begegnen, das ist hier handhabbar lustvolles Spiel, das unserer Fantasie freien Lauf lässt.

Schattenspiele.
    Ich erinnere mich, wie wir im Sommer einmal im Sonnenlicht umhergingen – und wie du den Schatten deines Körpers entdecktest.
    Du sprangst umher, um ihn einzufangen; und immerfort sprang er mit – hin und her – und lief vor dir her, wurde je nach Lichteinfall mal größer, mal kleiner, doch nie war er einzuholen, nie konnte er sich von dir entfernen. Ich seh' dich noch daran lachen und wie du mit dem Spiel gar nicht mehr aufhören wolltest.
    „Du magst deinen Schatten, nicht wahr?", sagte ich und hörte dich antworten, das sei dein Engel.
    „Dein Schatten ist ein Engel?"
    „Ja, er ist immer bei mir."

Verdutzt sah ich dich an.

Bloß nichts zerreden, dachte ich.
    Was weiß dies Kind, das mir nicht einmal im Traum einfallen würde. Ich nahm seine Hand, ging mit ihm weiter und dachte:
    Wer hat uns in der Hand –
    Ist da noch wer?

„Und siehe, Elisabeth, deine Verwandte,
ist auch schwanger ...
Denn bei Gott ist kein Ding unmöglich."

Lukas 1,36 – 37

Das Blümlein, das ich meine,
davon Jesaja sagt,
hat uns gebracht alleine,
Marie, die reine Magd;
aus Gottes ewgem Rat
hat sie ein Kind geboren,
welches uns selig macht.

EG 30, 2

Die Anfängliche
spricht

Ich habe keine Ahnung.
Ich kann diese Aufgabe nicht übernehmen.
Ich übernehme mich, wenn ich es annehme.
Ich hab keine Erfahrung, keine Kenntnis.
Wie soll es denn gehen,
wo ich dafür nichts mitbringe
und es gar nicht bin?

„Ich muss es nicht sein", sagst du mir.
„Ich werde es", sagst du.
„Es wird mir zukommen, entstehen."

Woher weißt du das?
Und wie kann ich dir trauen
dir – diesem –
mich trauen?
Wie kommt es, dass du es mir zutraust?
Gerade mir?

Ich bitt dich – lass mir Zeit.
Lass mich zu meiner Freundin gehen
und mit ihr sprechen.

2. ADVENTSWOCHE

Maria aber machte sich auf in jenen Tagen und ging eilends in das Gebirge zu einer Stadt in Juda und kam in das Haus des Zacharias und begrüßte Elisabeth.
Und es begab sich, als Elisabeth den Gruß der Maria hörte, hüpfte das Kind in ihrem Leibe.
Und Elisabeth wurde vom Heiligen Geist erfüllt und rief laut und sprach: „Gepriesen bist du unter den Frauen, und gepriesen ist die Frucht deines Leibes!
Und wie geschieht es mir, dass die Mutter meines Herrn zu mir kommt? Denn siehe, als ich die Stimme deines Grußes hörte, hüpfte das Kind vor Freude
in meinem Leibe. Und selig bist du, die du geglaubt hast! Denn es wird vollendet werden, was dir gesagt ist
von dem Herrn."

Lukas 1,39 – 45

Maria durch ein Dornwald ging, Kyrie eleison.
Maria durch ein Dornwald ging,
der hat in sieben Jahrn kein Laub getragen.
Jesus und Maria.

Da haben die Dornen Rosen getragen. Kyrie eleison.
Als das Kindlein durch den Wald getragen,
da haben die Dornen Rosen getragen.
Jesus und Maria.

Gotteslob 224, 1 und 3

Das Gebirge
spricht

Der Weg ist schwierig, holprig, steinig. Und es ist heiß.
Gut, dass du etwas zu Trinken mitgenommen hast.
Du musst dich zwischendurch ausruhen.
Vergiss nicht, du bist schwanger.

Leider kann ich es dir nicht bequemer machen, hart wie ich bin;
doch ich trage dich dennoch, das merkst du.
Und außerdem wird dir nichts Schlimmes passieren,
weil die Worte des Engels noch bei dir sind
und wie das Kind in dir leben.
Ich merke, wie du seine Worte im Gehen erinnerst
und fast singend vor dir her sagst: „Sei gegrüßt ..."
Damals, als es geschah, bist du daran erschrocken.
Doch nun singt es in dir und stärkt dich im Weg zu deiner Verwandten,
auf die der Engel dich gewiesen hat.
Auch sie sei schwanger, hat er gesagt, alt wie sie ist,
ebenso verwunderlich wie du jung.
Na, dieser Engel.
Komm geh, geh weiter, die Ebene breitet sich schon aus,
bald wirst du bei ihr sein.
Und dann –
Ja, grüßt euch nur und umarmt euch,
ihr beiden so verschiedenen und ebenso ähnlichen Frauen!
Ich kann es sogar von Weitem hören, wie ihr euch freut!
Als wär der Gruß des Engels mit dabei,
ja, als würden die Kinder in euch schon mit lachen –

Was ist das nur für ein Gruß,
dass ich anfange, mit zu beben, meine Täler, die Hügel –
Was geschieht?

3. ADVENTSWOCHE

Der Sternenmantel
spricht

Ich bin um Maria.
Ich umhülle und beschütze sie.
Das ist gut für sie.
Und für die Menschen, die zu Maria kommen.
Auch wenn sie mich nicht gleich sehen,
bin ich da.
Ruhe suchen die Menschen bei Maria, die ihr Kind trägt
und möchten selbst ebenso aufgehoben und geborgen sein.
Das sind sie, wenn sie uns anschauen.

Ein Licht entzünden sie bei Maria,
wenn sie für ihr Leben beten und das von anderen.
Da leuchte ich auf,
und die Menschen können sehen,
wie ich mit Sternen besetzt bin.
Ruhig werden sie
an mir und Maria,
umfangen in Licht.

3. ADVENTSWOCHE

Mache dich auf, werde licht,
denn dein Licht kommt,
und der Glanz Gottes geht auf über dir.

Jesaja 60,1

Macht hoch die Tür, die Tor macht weit,
eu'r Herz zum Tempel zubereit'.
Die Zweiglein der Gottseligkeit
steckt auf mit Andacht, Lust und Freud;
so kommt der König auch zu euch,
ja, Heil und Leben mit zugleich.
Gelobet sei mein Gott,
voll Rat, voll Tat, voll Gnad.

EG 1, 4

Der Adventskalender
spricht

Ich trage ein schönes uraltes Bildmotiv auf meiner Vorderseite:
Kinder, die Schlitten fahren und andere, die sich mit Familien auf den Weg zur Kirche machen. Mein Bild ist über und über mit Silberplättchen bestreut, sodass der Schnee leuchtet und alles verzuckert verzaubert, halt wirklich weihnachtlich ausschaut.

Beim Öffnen meiner Fensterchen zeigen sich feine durchsichtige adventliche Motive. Wunderbar erstrahlen sie, wenn Menschen eine Kerze hinter mir aufgestellt haben.
Tag um Tag werde ich durch das immer weitere Öffnen farbig leuchtender.
Kinder und Erwachsene freuen sich daran. Zuweilen schauen sie auf die Ziffern der noch verschlossenen Türchen, suchen gern schon am Tag vorher die dann folgende Zahl auf meinem Bild, um sie dann schnell finden zu können.

Und dann wird sich alles der Zahl 24 nähern, dem größten meiner Fenster, hinter dem ein besonderes Bild verborgen ist. Na, man ahnt schon, dass es die Krippe sein wird, Maria und Joseph und das Kind. Aber wirklich wissen wird man es erst, wenn der Heilige Tag da ist und meine Tür geöffnet wird.

Nichts mehr wird an mir verborgen sein, nichts Weiteres wird da sein, um darauf zu warten.
Ganz da sein werde ich – offen, erfüllt, durch und durch transparent, licht.
Und das weihnachtlich silbrige Schneebild, das ich anfangs gewesen war, wird vor lauter Durchschienen-Sein fast vergangen sein, aufgelöst in Helligkeit.

„Fröhliche Weihnacht überall!"
tönet durch die Lüfte froher Schall.
Weihnachtston, Weihnachtsbaum,
Weihnachtsduft in jedem Raum!
„Fröhliche Weihnacht überall!"
tönet durch die Lüfte froher Schall.

Die Umstellung
spricht

„Schatz, wir sollten dies Regal noch in den Flur stellen, damit im Wohnraum mehr Platz ist.

Und denkst du daran ..."

Kurz vor Weihnachten bricht meine hohe Zeit an: die Umstellungszeit.

Ein Ding nach dem anderen muss geräumt werden, ausgeräumt, weggestellt, damit die später kommende Verwandtschaft genügend Platz habe, dazu natürlich der Baum.

Mit wissendem Blick durchschreitet die vorsorgende Frau die Räume und ahnt die kommende Menschenmenge, Platz und Platzmangel.

Und damit bekomme nun ich Raum: die Umstellung.

Ihrem Mann bedeute ich ebenso viel Arbeit wie der Frau, wenn nicht noch mehr, denn anders als sie erlebt er mich als nicht unbedingt nötig, vor allem nicht in diesem Ausmaß.

Doch sie hat das Auge und so das Sagen.

„Schatz, denkst du daran, den alten Teppichvorleger aus dem Keller zu holen, damit Friedas Hund unser Parkett nicht zerkratzt. Du weißt ja, wie er ist.

Und denkst du daran, wenn du schon im Keller bist, das gute Geschirr heraufzuholen. Ja, könntest du bitte die Nachbarn fragen, ob wir noch welches von ihnen ausleihen können. Es kommen dies Jahr mehr Gäste als sonst. Wenn ich daran denke ...

Na, vielleicht sollten wir das eine Wohnzimmer-Regal doch auch noch ausräumen und die Dinge im Keller verstauen. Auch den Sessel. Der nimmt einfach zu viel Platz in Anspruch.

Denkst du daran ..."

Er wischt sich den aufkommenden Schweiß von der Stirn und verhindert gerade noch, nicht lauthals zu stöhnen. Es reicht!

Er hatte bereits sein Zimmer räumen müssen, damit andere darin die Nacht verbringen könnten. Über seine Unterlagen hatte er ein Tuch ausgebreitet, damit der Anblick andere nicht störe.

Mein Gott, wo sollte er selbst bleiben, fragte er sich.

Und nun immer noch eine Anregung der Frau nach der nächsten.

Was heißt Anregung, es waren Vorsichts-Maßnahmen, ja, Aufforderungen, denen er nachzugehen hatte, wenn der Hausfrieden bleiben sollte.

Doch es reichte ihm.

Soll ich mich vielleicht auch selbst noch umstellen?, dachte er und hätte es fast gesagt, wäre sie ihm nicht zuvorgekommen:

„Schatz, könntest du mir den Weihnachtskarton bringen, der hier zuoberst steht. Ich komm da nicht ran."

Der Weihnachtskarton.

„Und suchst du bitte die Weihnachts-CDs heraus, die Musik, die wir immer auflegen, auch die mit der Weihnachtsgeschichte."

Er kramte und suchte, fand sie – und wie schon zum Trotz legte er sie verärgert auf.

Festliche Musik erschallt.

„Jetzt doch noch nicht!", ruft sie.

Glockenklänge.

„Das ist doch erst für den Heiligen Abend!"

Ein Kinderchor.

„Bitte stell das jetzt ab!"

Da kommt die feierliche Stimme mit der Weihnachtsgeschichte.

Er hört:

„Da machte sich auf auch Joseph ...", –

stellt die CD lauter.

„Leiser!"

„... und sie gebar ihren ersten Sohn und legte ihn in eine Krippe, denn sie hatten sonst keinen Raum in der Herberge ..."

Er dreht zurück, bis die Stimme nochmals ertönt:
„… denn sie hatten sonst keinen Raum in der Herberge …"
Er stutzt. Stellt das Gerät ab.

„Du, ich geh mal ne Runde."
Da eilt sie zu ihm:
„Schatz, ist was mit dir? Ist dir nicht gut?"
„Nö – alles okay – ist nur die Umstellung."

Wisst ihr noch, wie es geschehen?
Immer werden wir's erzählen:
wie wir einst den Stern gesehen
mitten in der dunklen Nacht.

Stille war es um die Herde.
Und auf einmal war ein Leuchten
und ein Singen ob der Erde,
dass das Kind geboren sei.

Eilte jeder, dass er's sähe,
arm in einer Krippen liegen.
Und wir fühlten Gottes Nähe.
Und wir beteten es an.

Könige aus Morgenlanden
kamen reich und hoch geritten,
dass sie auch das Kindlein fanden.
Und sie beteten es an.

EG 52, 1 – 4

Der Leitstern
spricht

Zur Zeit der Wintersonnenwende werde ich in vielen Gegenden der Erde als besonders hellglänzend und klar wahrgenommen, sodass die Menschen mich zum Weihnachtsstern erklärt haben.

Viele verbinden mich mit der Legende, dass ich vor Weisen aus dem Morgenlande, Königen oder sogar Sterndeutern vorhergezogen sei, um ihnen den Weg zum Ort der Geburt Jesu zu zeigen. Die alte Erzählung besagt, dass ich dort stehen geblieben sei, wo sich dieser Ort befand.

Das ist natürlich ein Märchen, denn wir Sterne stehen niemals still.

Doch die Menschen lieben das Bild des über dem Ort stehenden Sternes, der der Erde den Himmel öffnet. Eigentlich eine recht schöne Deutung, finde ich.

Und so darf ich in keinem einzigen Weihnachts- und Krippenspiel fehlen.

In diesem Jahr ist mir eine Kindergruppe aufgefallen. Weit schon im November probten sie ihre Rollen und Texte. Wie immer mochten viele die Engel spielen und Maria, gern auch die blökenden Tiere. Doch es schien ihnen nicht leicht zu fallen, wer von ihnen nun mich darstellen solle.

Erst dachte ich, es liege daran, dass sich keiner von ihnen vor den anderen hervortun wolle. Doch dann bekam ich mit, dass das Spiel in einer großen Kirche begangen werden sollte, und dass die Kinder ein wenig Angst davor hatten – vor allem bei meiner Rolle, dem Leitstern, der dem Skript gemäß am Schluss allen voran durch die Kirche gehen sollte.

Miteinander suchten die Kinder ein Mädchen aus, das meine Rolle übernehmen sollte. Und da die freundliche Spielleiterin zu ihr sagte, sie sei nicht allein, der große Stern, den sie auf dem Stab trage, sei ja bei ihr, willigte sie ein.

Der Abend der Vorführung war da. Alle Kinder gingen wunderbar verkleidet und singend durch den weiten Mittelgang der erleuchteten Kirche an den Erwachsenen vorbei in den Vorraum des Altars, an dem der Christbaum mit den Kerzen und die Krippe standen.

Dort begannen sie das Krippenspiel und waren sichtlich erfreut, wie gut es ihnen gelang.

Die Zeit war gekommen, dass das Mädchen in der Leitsternrolle zusammen mit den Königen die Krippenszene verlassen würde, damit diese ihren Weg zurück in ihr eigenes Land und Zuhause begehen und finden würden.

Es war soweit.
Wie schon mehrmals geprobt, verabschiedete sich das Mädchen mit dem Sternenstab von der Krippe, verneigte sich, wandte sich zur Gemeinde um und begann, durch den Mittelgang der Kirche zu gehen.
Da war es mit einem Mal völlig dunkel.
Aus irgendeinem Grund waren die Leuchter im Kirchraum ausgegangen; nur die Kerzen am Christbaum brannten.
Doch das konnte das Mädchen nicht sehen. Für sie war es stockfinster.
Erschrocken hielt sie einen Moment inne.
Schemenhaft sah sie die Menge der Erwachsenen, die völlig still waren – wahrscheinlich, weil sie dachten, dass das plötzliche Dunkel Teil des Spiels sein sollte. Doch so war es nicht – weder geplant noch geübt.

Das Mädchen wagte einige Schritte im dunklen Gang.
Mutig setzte sie weiter einen Schritt vorsichtig vor den anderen.
Dann blieb sie stehen und sah sich um.
Wo waren die Könige? Sie sollten ihr doch folgen. Sie sah niemanden.
Kamen sie nicht? Oder sah sie sie nicht im Dunkeln?

Als ich sie so völlig allein und verängstigt da stehen sah und merkte, dass die Könige ob der plötzlich überraschenden finsteren Kirche tatsächlich nicht mitgekommen waren, hielt ich es in meiner beobachtenden Ferne nicht mehr aus und schickte einen meiner schnellsten Strahlen zu ihr.
„Dreh dich um", sagte der Strahl und half ihr unsichtbar behend.
Da wandte sich das Mädchen mit ihrem Sternenstab um, sah den lichten Baum und die Könige und alle Kinder um die Krippe versammelt.
Ohne zu zögern lief sie zu ihnen; und alle umarmten sie und freuten sich, dass sie wiedergekommen war.

„Warum habt ihr mich allein gelassen?", fragte das Mädchen die Könige.
„Ich kann doch nicht euer Stern sein, wenn ihr nicht kommt."
„Wir waren so erschrocken im Dunkel", sagte einer.

Da sahen sich die Kinder an, tuschelten untereinander und meinten dann mit einer Stimme:
„Das ist es: Wenn es finster ist, müssen wir alle zusammen mit dem Stern gehen – nicht nur die Könige."

So zogen sie heiter miteinander aus der immer noch dunklen Kirche hinaus.
Und natürlich ließ ich sie nicht allein.
Ist doch klar.

Und es sang aus Himmelshallen:
Ehr sei Gott! Auf Erden Frieden!
Allen Menschen Wohlgefallen,
Gottes Gnade allem Volk!

Immer werden wir's erzählen,
wie das Wunder einst geschehen
und wie wir den Stern gesehen
mitten in der dunklen Nacht.

EG 52, 5 – 6

Die Liebe
spricht

Sie wusste, dass sie bald sterben würde. Ihre Krankheit hatte ihren Körper zerstört. Sie wusste es. Und so wie sie sich selbst erlebte und manchmal sprach, willigte sie ein.

„Ich geh bald zu Gott", sagte sie, „ins Licht."

Oft saß ihre junge Enkelin neben ihr und wie immer gern, denn sie liebte ihre Großmutter und ihr Zusammensein. Sie liebte ihre Geschichten, ihr Erzählen, ihr Klavierspiel, ihre Lieder – und vor allem ihre warme Gegenwart.

„Musst du denn jetzt im Advent zu Gott?", fragte die Junge.
„Advent ist doch, dass Gott zu *uns* kommt – das hast du mir immer wieder erzählt.
Warum musst du dann dort hin …"
„Ja", sagte sie. „Gott kommt zu uns.
Sein Licht wird uns geboren und kommt auf die Erde.
Und ich geh zu ihm in den Himmel, in sein ewiges Licht."
„Trefft ihr euch dann auf dem Weg?"

Stille Nacht, heilige Nacht!
Alles schläft, einsam wacht
nur das traute hochheilige Paar.
Holder Knabe im lockigen Haar,
schlaf in himmlischer Ruh.

Stille Nacht, heilige Nacht!
Gottes Sohn, o wie lacht
Lieb aus deinem göttlichen Mund,
da uns schlägt die rettende Stund,
Christ, in deiner Geburt.

EG 46, 1.3

Die Glocke
spricht

Ich bin eine der älteren aus Bronze und war einstmals sehr schön.

Doch wie viele andere wurde auch ich im Krieg zerstört. Über Jahre lag ich zerbrochen da, bis die Kirchengemeinde und die Stadt Geld sammelten und dafür bereitstellten, dass ich erneuert würde. Seither lebe ich wieder im Glockenstuhl des hohen Kirchturms und freue mich an unserem Geläut.

Ich gehöre zu den Glocken, die nicht täglich angeschlagen werden, sondern zu besonderen Zeiten, zu Festzeiten. An manchen Festen bin ich sogar als erste zu hören.

Am liebsten ist mir dieser Zeitpunkt am Heiligen Tag, wenn ich den ersten Gottesdienst am Nachmittag einläuten darf. Da bin ich ebenso aufgeregt wie die Kinder, die darauf warten, zu ihrem Krippenspiel zu kommen.

Doch vielleicht anders als viele Kinder liebe ich diese erwartungsvollen Stunden vor den ersten tönenden Glockenschlägen.

Ich liebe diese Zeit, wenn mittags alle Geschäfte geschlossen werden und sich nun eine Ruhe über der Stadt ausbreitet, die es sonst kaum gibt.

Alle scheinen in ihren Wohnungen und Häusern zu sein. Alle scheinen sich nun in ihrer Weise auf das Fest vorzubereiten.

Alle. Denn die Straßen sind fast leer. Der Lärm der Autos ist verebbt, kaum noch Menschen sind zu hören und zu sehen. Alle sind bei sich.

Ruhig, leicht und zugleich dicht ist die Atmosphäre über und in der Stadt. Dasein und Warten breiten sich aus.

Gleichzeitiges weites Warten – wie in einem offenen Raum zwischen dem Vorherigen und dem Kommenden.

Da höre, ja da lausche ich – wie ein Fest vor dem Fest erlausche ich, was ist und was wird – bereitete Stille.

Und warte auf das Zeichen,
    den Beginn,
        wo ich den Klang der Stille für alle hörbar ertönen lasse.

Und jedermann ging, dass er sich schätzen ließe,
ein jeder in seine Stadt.
Da machte sich auf auch Josef aus Galiläa,
aus der Stadt Nazareth, in das jüdische Land
zur Stadt Davids, die da heißt Bethlehem,
weil er aus dem Hause und Geschlechte Davids war,
damit er sich schätzen ließe
mit Maria, seinem vertrauten Weibe.

Lukas 2,3 – 5

Der Heiligabend
spricht

Weihnachten nahte, und während die Frau die Adventszeit genossen hatte, kam ihr nun an mir die jährliche Herausforderung: Was ist mit dem Heiligabend, was tun, was lassen, wohin?

Umgeben von Menschen und Freunden, die es alle wussten, saß es ihr in den Knochen, dass sie für sich selbst keine gute Antwort wusste.

Sie lebte allein, und es ging ihr recht gut damit, oftmals sogar sehr gut. Sie hatte Freundinnen und Freunde, freie Zeit und eine Arbeit, die sie liebte. Doch an diesem einen Tag und Abend im Jahr – da schien sich alles zu drehen. „Und jedermann ging ..."

Wohin?

Auf keinen Fall wollte sie zur großen Runde ihrer Herkunftsfamilie. Sie wollte sich dem nicht aussetzen, dass ihr inmitten von Paaren und Kindern ihr Allein-Leben plötzlich sonderlich vorkommen würde.

Weihnachten, das Familienfest rund um die heilige Familie mit Maria, Joseph und dem Kind. Sich der Familienkrippe stellen?

„Das musst du nicht", flüsterte ich ihr in einem Traum zu.

„Wo bist du denn am Heiligabend? Du bist doch nicht etwa allein?", fragten Freundinnen und Freunde.

„Warum nicht?"

„Na, das geht aber nicht ..."

Das ganze Jahr über ging es ihr mit Nachbarn, Freundinnen und Freunden gut. Sie mochten sich und achteten einander. Man begegnete sich, verabredete und unterstützte sich, feierte gemeinsam.

Was kann ich tun, dass man mich auch jetzt gewähren lässt?, fragte sich die Frau. Warum in aller Welt gibt es diesen Zwang, am Heiligabend nicht allein sein zu dürfen?

Der Druck lastete auf nicht wenigen Menschen. Das bekam ich an verschiedensten Orten mit.

„Wir können sie nicht allein lassen" – dies Thema durchflutete die Gemüter an mir, dem Heiligabend, wenn die Menschen plötzlich an die Alten in den Heimen dachten, die Kranken, die Obdachlosen.

Als könnten und wollten sie es nicht anders, schien sich alle Welt zu fragen, wie sie an meinem besonderen Abend Menschen zusammenbringen könnten.

Ich selbst fand und finde diese Frage gut, natürlich nicht nur jetzt ...

Doch die Frau –

Gut gemeinte Anfragen kamen weiterhin.

„Und du, wo bist du? Lädst du andere ein, die auch allein sind?"

Ja, es gab sie. Es gab sie das ganze Jahr über. Sollte man nun just zu meiner Zeit, am Heiligabend, einen gemeinsamen Allein-Lebe-Tisch begründen, decken, schmücken, feiern?

Die Frau drehte und wendete ihre Gedanken, bis ihr deutlich wurde, wirklich allein sein zu wollen.

Und da die liebevollen Fragen der Freunde nicht aufhörten, und sie sie nicht kränken wollte, beschloss sie, in diesem Jahr lügen zu dürfen.

Das fand sie, war das Aufrichtigste, das ihr möglich war.

„Ich bekomme Besuch", sagte sie ihren Freundinnen, die sogleich neugierig nachfragten, wer das denn sei.

„Ein Überraschungsgast", sagte sie und überließ den Freundinnen deren rege Phantasie.

Mutige Aktion, dachte ich.

Gedacht, gesagt, getan.

Beim Tun allerdings wurde es dann schwierig, und ich bekam mit, dass ihr ihr Alleinsein zuhause dann doch arg wurde.

Irgendwann beschloss sie, rauszugehen, auf die Straße, einfach zu gehen ohne jedes Irgendwohin. Das fand ich gut und freute mich, wie ihr mit jedem Schritt leichter wurde. Rausgehen aus allem – an die frische Luft – Schritt um Schritt raus!

Sie spürte Weite, atmete auf, merkte meine Atmosphäre, ging fast spielerisch immer weiter.
    Leer waren die Straßen, die sonst belebten.
    Sie fing an, die Leere der Wege zu bestaunen, fast zu genießen.
    Offene Wege, dachte sie. Freies Gehen.
    „Da machte sich auf auch Joseph ...", fiel ihr nebenbei ein.
    Woher das nun?, fragte sie sich. Und ich schmunzelte.

Ein entgegenkommendes Auto hielt neben ihr.
    Der Fahrer rollte das Seitenfenster herunter und sprach sie an:
    „Wissen Sie, wo die Ferdinandstraße ist?"
    „Nein, die kenne ich nicht."
    „Sie soll hier in der Gegend sein", sagte der Mann.
    „Weiß ich nicht."
    „Verflixt, was mache ich?", sagte der Mann.
    „Ich bin da eingeladen und finde nicht hin."
    „Haben Sie kein Handy dabei, um dort anzurufen?"
    „Eben das habe ich in der Eile nicht mitgenommen; so weiß ich auch die Rufnummer nicht, die eingespeichert ist. Ich weiß nur: Ferdinandstraße Nummer 8."
    Was tun? Miträtselnd blieb sie an seinem Wagen stehen.
    Dann sagte sie: „Sie könnten zu einer Tankstelle fahren und dort im Stadtplan nachschauen, wo die Straße ist."
    „Gute Idee. Wo finde ich die nächste Tankstelle?"
    „Ich könnte eben mitkommen", sagte sie und stieg ein.
    Bei der Tankstelle bat er den Bediensteten um einen Stadtplan. Sie stöberten, doch sie fanden keine Ferdinandstraße in dieser Stadt.
    „Das kann doch nicht sein", meinte er. „Ich weiß doch, dass sie so heißt."
    Sie durchsuchten die Straßennamen mit Ferdi und fanden Fernand-Straße. „Kann es sein, dass es die Fernand-Straße ist?"
    „Die ist hier in der Gegend", sagte der Bedienstete.
    Na, das könnte die Lösung sein.
    „Wie heißen denn die Einladenden?", fragte sie. „Sie könnten sie einfach anrufen und den richtigen Straßennamen klären. Sie könnten im Telefonbuch ihre Nummer erkunden."

3. ADVENTSWOCHE

Wir singen dir in deinem Heer
aus aller Kraft Lob, Preis und Ehr,
dass du, o lang gewünschter Gast,
dich nunmehr eingestellet hast.

Martin Luther

„Ja, eben – ich weiß ihren Namen nicht."

„Sie wissen den Namen Ihrer Freunde nicht?"

„Nein, es ist einfach eine Verabredung – in der Straße Nummer 8."

Sie war verwundert.

„Sie wissen nicht, wer dort ist?"

„Nein, wir haben uns frei über das Internet gefunden. Alle möglichen Leute, die keine Lust haben, Weihnachten wie sonst zu feiern, treffen sich dort. Einfach in der Nummer 8."

„Lauter Unbekannte, die sich dort einfinden?"

„Ja, und wir können auch noch jemanden mitbringen, einen Überraschungsgast."

4. ADVENTSWOCHE

Die Heilige Nacht

Lichte Schattenruhe umgibt dich –
nun
da meine Finsternis leuchtet
und alles Dunkel sich im Licht enthüllt.

Schlaf
träum

Die Nacht, die dich gebar,
gebar auch mich.

Im Ursprung war das Wort.
Und das Wort war bei Gott.
Und Gott war das Wort.
Dieses war im Ursprung bei Gott.
Alle Dinge sind daraus entstanden.
Nichts ist entstanden, das nicht daraus geworden ist.
In ihm ist das Leben.
Und das Leben ist das Licht für die Menschen ...
Und das Wort wurde Fleisch und wohnt in uns,
und wir sehen seine Herrlichkeit.

Johannes 1,1 – 4.14.

Vom Himmel hoch, da komm ich her,
ich bring euch gute neue Mär;
der guten Mär bring ich so viel,
davon ich singn und sagen will.

EG 24, 1

Die Weihnachtspredigt
spricht

Ich kam aufs Papier. Natürlich kam ich wie jedes Jahr aufs Papier.

Seite um Seite füllte sich, wobei er auch in diesem Jahr mit sich und mir nicht zufrieden war. Der verbindende Bogen fehlte noch, der anregende Eingangssatz, der nötig treffende Schluss.

Schon überprüfte er, ob die Worte denen der Vorjahre nicht zu ähnlich seien. Als ob das die Menschen in der Weihnachtsfeier merken würden … Na ja, es war nun mal sein hoher Anspruch.

Und doch war mir klar, dass er auch diesmal etwas Gutes erstellte. Da stand ich nun, nochmals und nochmals verändert, verbessert; bereit, um später vorgelesen zu werden – und freute mich darauf.

Und dann –

Die Kirche war rappelvoll, die Orgel ertönte, der Chor sang, die Menschen stimmten ein, die Weihnachtsgeschichte wurde gelesen.

Es war festlich, feierlich wunderbar. Nun war der Zeitpunkt gekommen, dass er mit mir auf die Kanzel ginge, um mich vorzulesen.

Alles war bereit. Die Menschen waren still, die Lichter waren außer am Christbaum zur Feier der Predigt gelöscht. Er stand da – bei einer Kerze, blickte zur Gemeinde hinüber, begann, den Eingangs- Segen zu sprechen.

Da fiel ich runter.

Irgendetwas war geschehen – wahrscheinlich in seiner Aufregung –, dass ich ihm aus den Händen glitt und alle meine Blätter leise in die Gemeinde herabsegelten.

O Gott!

Schock breitete sich auf seinem Gesicht aus. Heiß umgriffen seine Hände die Kanzel, und er blickte in den dunklen Raum, wo ich nun irgendwo verstreut zwischen den Menschen lag. Ohne Worte starrte er in die Tiefe.

„Hier bin ich", raschelte ich ihm von unten zu. „Erinnere dich, du brauchst mich gar nicht auf dem Papier; du kennst mich in- und auswendig. Hab Mut!", flüsterte ich ihm zu. „Wag es. Sprich frei!"

Er stand da, schwieg.
Dann blickte er auf und erhob seine Stimme:

„Liebe Gemeinde, es ist die Heilige Nacht, und wir feiern, dass Gott zu uns gekommen ist. Er wollte bei uns sein, bei uns Menschen und wurde selbst Mensch.
Das Wort Gottes ist zu uns gekommen.
„Vom Himmel hoch ..."
So wie wir es im Lied besingen, kam Gottes Wort aus der Höhe zu uns auf die Erde und ließ sich mitten unter uns nieder.
Mitten unter uns kommt er auch heute.
Ja, hier mitten unter uns.

Liebe Menschen, als mir meine vorbereiteten Predigtblätter eben aus der Hand fielen – hier in die Kirche hinab – dachte ich nach einem ersten Erschrecken:
Ist es vielleicht ein Zeichen, ein kleines und doch bemerkenswert überraschendes Zeichen dafür, dass und wie das Wort aus der Höhe zu uns herabkommt und sich hier bei uns niederlässt –so menschlich nah, dass jede und jeder eines auffangen kann?

Ja, jede und jeder kann ein Wort auffangen, eines aus der Fülle DES Wortes. So ist es bei Gott gedacht. Jede und jeder von uns kann eines hören und aufnehmen, wie schlicht es auch immer klingen mag.
Lasst uns still werden und innerlich ein Wort hören, das uns einfällt oder das sich in uns erinnert – als würde es zu uns segelnd herabkommen und sich bei uns niederlassen.
Lasst uns im Herzen hören, was zu uns kommt und was es uns sagt.
Dabei möge die Orgel leise tönen."

Ruhe breitete sich aus inmitten zarter Klänge.

Unfassbar, dachte ich.
    Das ist *er*? So?

Noch vibrierend hörte ich, wie er nach einer ganzen Weile sagte:
    „Erheben wir uns, liebe Gemeinde.
    Danken wir für das, was in dieser Heiligen Nacht
    zu uns gekommen ist.

„Vom Himmel hoch, da komm ich her.."
    das singen wir jetzt" –, sagte er, als alle aufgestanden waren
    und sah glücklich aus -
    wie ich.

Ich war aufgehoben.

Maria, breit den Mantel aus,
mach Schirm und Schild für uns daraus;
lass uns darunter sicher stehn,
bis alle Stürm vorübergehn.
Patronin voller Güte,
uns allezeit behüte.

Dein Mantel ist sehr weit und breit,
er deckt die ganze Christenheit,
er deckt die weite, weite Welt,
ist aller Zuflucht und Gezelt.
Patronin voller Güte,
uns allezeit behüte.

Gotteslob 534, 1 – 2

Das Tuch
spricht

Leicht und weich umhülle ich dich
    und bin dir gut.
    Ich schütze deine Schultern, deinen Körper,
    ich berge und wärme dich.
    Schmieg dich an,
    ruh dich in mir aus.

Anstrengend waren die Wege.
    Tag und Nacht brauchtest du mein Dasein, meine Hülle,
    um dich zu vergewissern, dich auf den Weg verlassen zu können.
    Sorge dich nicht, sagte ich dir, du wirst geführt.
    Immer wieder erzählte ich dir von der, die mich für dich gewoben hat,
    von ihren Worten und ihrem Geleit.

Schon vor deiner Geburt hatte sie mich erdacht, denn sie ahnte, welcher Lebensweg vor dir läge, und dass du mich brauchen würdest. Viele Gedanken hat sie in meine Fäden hineingesponnen: Erzählungen vom Wissen der Frauen und Weisheiten alter Vorhersagungen für deinen Weg und den des Kindes.
    Beständig hat sie ihre Liebe, ihre mütterliche Fürsorge in mich hineinverwoben; alte Lieder, Geschichten mutiger Frauen, die dich begleiten würden und dich mit mir zusammen immer umgeben und tragen würden.
    So bin ich deine dich bergende feine weiche Hülle, dein Schutz im Weg vieler Mütter.
    Sie sind bei dir, wenn du mich spürst.
    Sie sind bei dir, wenn du gehst und trägst und gebierst.

Nun bist du da mit deinem Kind.
    Erschöpft und glücklich schmiegst du mich um euch.
    Sei gehalten!

Maria, hilf der Christenheit,
dein Hilf erzeig uns allezeit,
mit deiner Gnade bei uns bleib,
bewahre uns an Seel und Leib!
Patronin voller Güte,
uns allezeit behüte.

O Mutter der Barmherzigkeit,
den Mantel über uns ausbreit;
uns all darunter wohl bewahr
zu jeder Zeit in aller Gfahr.
Patronin voller Güte,
uns allezeit behüte.

nach Gotteslob 534, 3 – 4

Sie werden kommen und dich und das Kind verehren.
    Ja, viele werden kommen, mich bei dir sehen
    und selbst Schutz wünschen, Geborgenheit.
    Tausende werden ersehnen, dass du mich über sie ausbreitest
    und sie mit meiner Kraft und dir und dem Kind umhüllst.

Sei –
    sei jetzt ganz bei dir und dem Kind,
    geborgen in mir
    und deinem Schicksal.

4. ADVENTSWOCHE

Und als sie dort waren, kam die Zeit,
dass sie gebären sollte.
Und sie gebar ihren ersten Sohn
und wickelte ihn in Windeln
und legte ihn in eine Krippe;
denn sie hatten sonst keinen Raum in der Herberge.

Lukas 2,6 – 7

Der Esel
spricht

Sie haben mir meine Futterkrippe weggenommen.

Einfach so haben sie sie genommen und das Neugeborene hineingelegt. Da liegt es nun auf Stroh und Heu, aber es ist *mein* Heu und Stroh. Wie soll ich nun an mein Futter herankommen?

Das Neugeborene kann und mag ich nicht stören, gar mit meinem Maul aufschrecken.

Doch das nun mögliche Futter unten auf der Erde – da muss ich mich schon sehr beugen und bemühen, um dranzukommen.

Und außerdem – hier unten hat die Mutter das Kind geboren. Es war schwierig für sie, das bekam ich mit. Wird man das eines Tages erinnern?

Der Stall ist so licht, und was hier geschieht, erscheint als so außergewöhnlich, dass man vermutlich später nur *davon* erzählen wird.

Als hätte diese Mutter keine Schmerzen gehabt, als hätte sie nicht in den Wehen gestöhnt, als hätte es im Gebären kein Blut gegeben, auch nicht beim Kind. Eigen, was ist mit diesem Kind, dass sie von diesem nicht wie von einem normalen sprechen. Sicher, es ist umgeben von Licht und strahlt es selbst aus. Sicherlich ist es ein irgendwie besonderes.

Doch das Natürliche – ist das nicht auch da?

„In reinliche Windeln gewickelt" werden sie von ihm sagen, als würde es nicht wie jedes andere – na ja, selbst mir hat sich hier das Maul verboten, weil mir keine sauberen Worte einfielen.

Aber es ist so.

Alles Natürliche wirkt hier wie nur noch verschönt und verklärt.

Und alle im Stall scheinen etwas Besonderes zu sein und zu erleben; nur ich selbst steh ziemlich dumm da – wie gesagt, ohne Futterkrippe und so.

Also gut, ich halt mich ruhig, denn es war ja nicht irgendjemand, der mir das Maul verboten hat. Es waren Engel.

Ihr Kinderlein kommet, o kommet doch all,
zur Krippe her kommet, in Bethlehems Stall,
und seht, was in dieser hochheiligen Nacht
der Vater im Himmel für Freude uns macht.

O seht in der Krippe im nächtlichen Stall,
seht hier bei des Lichtleins hellglänzendem Strahl
in reinlichen Windeln das himmlische Kind,
viel schöner und holder, als Engel es sind.

Da liegt es, das Kindlein auf Heu und auf Stroh,
Maria und Josef betrachten es froh,
die redlichen Hirten knien betend davor,
hoch oben schwebt jubelnd der Engelein Chor.

O beugt wie die Hirten anbetend die Knie,
erhebet die Hände und danket wie sie;
stimmt freudig, ihr Kinder, – wer wollt sich nicht freun? –
stimmt freudig zum Jubel der Engel mit ein.

EG 43, 1 – 4

Sie sagten, hier geschähe etwas himmlisch Heiliges; ich möge mich bitte zurückhalten, auch mit meinem Wiehern. Und außerdem sollte ich mich schonen, denn ich würde noch gebraucht werden.

Später, auf der Flucht – da würden mich die Eltern und das Kind noch sehr brauchen und bis dahin solle ich mich ausruhen und meine Kräfte sammeln.

Ausruhen – und später auf einer Reise sehr gebraucht werden – wie soll das gehen, wenn ich jetzt hungere und nicht ans Heu rankomme.
Na ja, auf der Reise werden sie auch keine Futterkrippe dabei haben, kommt mir in den Sinn. So dumm bin ich nun auch wieder nicht.
Hoffentlich werden sie aber an mein Futter denken.

Und es waren Hirten in derselben Gegend auf dem Felde
bei den Hürden, die hüteten des Nachts ihre Herde.
Und der Engel des Herrn trat zu ihnen,
und die Klarheit des Herrn leuchtete um sie;
und sie fürchteten sich sehr.
Und der Engel sprach zu ihnen: „Fürchtet euch nicht!
Siehe, ich verkündige euch große Freude,
die allem Volk widerfahren wird; denn euch ist heute
der Heiland geboren, welcher ist Christus,
der Herr, in der Stadt Davids.
Und das habt zum Zeichen: Ihr werdet finden das Kind
in Windeln gewickelt und in einer Krippe liegen."
Und alsbald war da bei dem Engel die Menge
der himmlischen Heerscharen,
die lobten Gott und sprachen:
„Ehre sei Gott in der Höhe und Friede auf Erden
bei den Menschen seines Wohlgefallens."

Lukas 2,8 – 14

Fröhlich soll mein Herze springen
dieser Zeit, da vor Freud alle Engel singen.
Hört, hört, wie mit vollen Chören
alle Luft laute ruft: Christus ist geboren!

EG 36, 1

Der Seniorenchor
spricht

Da sind wir. Wir sind alt, erfahren, bewährt und gut bei Stimme. So jedenfalls sehen und hören wir uns selbst und sind darauf stolz.

Es war nicht so leicht, sich dieses gute Selbst-Bewusstsein zu erarbeiten.

Dem neuen Chorleiter gefielen nämlich eines guten Tages unsere Stimmen nicht. Er fand, dass wir sie nicht mehr wirklich halten können, und dass es dem Gesamtchor und Klang schade, wenn wir weiter mitsingen würden.

Empört waren wir. Empört auch darüber, dass die anderen Mitglieder im Chor jetzt nicht protestierten. Hingegen verhielten sie sich still, nahmen sich zurück. Na, wir wissen bis heute nicht, ob das so war oder ob sie die Meinung des Chorchefs stillschweigend teilten.

Für uns war es jedenfalls grauenhaft, dass uns so mir-nichts-dir-nichts gekündigt wurde, und wir aus dem schönen Ganzen herausfielen. Ja, so war es, wir fühlten uns nicht nur herausgefallen; wir *waren* es.

Nun ist das nicht ganz so dramatisch für Engel, die wir sind, denn unsere Flügel tragen uns auch im Fallen und Absturz. Doch wir waren draußen und vermissten die anderen Stimmen der Engelgemeinschaft.

Und eigentlich konnten wir dem Herausgeworfen-Sein nicht zustimmen.

Wir waren doch – ja, und dann kam es uns: Wir *sind* doch Stimme!

Wir sind doch immer noch bei guter Stimme.

Wir singen weiter, ja, wir singen einfach weiter.

Und wenn sie uns im großen Chor nicht mehr wollen, dann gründen wir eben einen eigenen, einen Engel-Senioren-Chor.

Gedacht, gesagt, getan, gesungen.

So war es. Und so singen wir seither unter uns, finden uns stimmig: „Wie uns die Alten sungen ..." Und freuen uns an den Liedern.

Doch dann –

Es war just in der Nacht, als die Allerhöchsten den Engelchor aufforderten, den Hirten auf den Feldern die neue frohe Botschaft zuzusingen, dass der göttliche Heiland geboren sei – just in dieser Nacht, die nun wirklich einen absolut wunderbar stimmigen Engelchor brauchte, war dieser von Viren angefallen worden, die seit geraumer Zeit in der Atmosphäre herumschwirren. Keiner der Chormitglieder bekam einen klaren Ton mehr heraus.

Himmel in Not!
Die Nacht konnte doch zeitlich unmöglich verschoben werden. Die gute und so überaus wichtige Botschaft musste schlichtweg jetzt erklingen und auf der Erde hörbar werden!

Nun, da geschah es, dass aus lauter Not der Chorleiter zu uns kam und uns inständig bat, die Noten für die Verkündigung zu studieren und sie pünktlich bei der Nacht den Hirten auf dem Felde zu singen.

Erst sahen wir ein wenig pikiert drein. Fast hätten wir unser Engel-Sein vergessen, da uns Gedanken der Kränkung, Beleidung, Rache und nun *Ihn-Stehen-Lassen* in den Sinn kamen.

Na ja, dafür sind wir Engel genug, dass diese Gedanken schnell verrauschten, und wir uns unserer bewährten Engel-Erfahrungen von Seither und Jeher erinnerten. Gloria!

Gefasst nahmen wir die Noten und übten sie mit unseren Stimmen ein.
Es war nicht so schwer wie vermutet, wenngleich der Text nun wirklich neu war! Doch wir wollten keine Zeit verlieren, probten, stimmten uns ein und flogen in die Himmelsgegend über dem Feld.

Kaum, dass wir licht erschienen, umherflogen, flatterten und zu tönen begannen, erschraken die Hirtinnen und Hirten auf der Erde. Erst dachten wir – o Gott, unsere Stimmen sind vielleicht wirklich nicht gut – jedenfalls sind sie so, dass sie erschrecken.

„Fürchtet euch nicht!"
Lauthals ermutigten wir uns gegenseitig und sangen den Menschen zu, sich nicht zu fürchten, sondern zu hören – das Neue zu hören, dass ein Kind geboren sei, der Heiland für sie und die Welt.

Da waren die Hirtenmenschen ganz Ohr, und wir konnten merken, dass sie uns im allerbesten Sinne aufnahmen.

Wir waren glücklich.

Plötzlich hörten wir, wie eine Hirtin zu einem ebenso alten Hirten neben ihr sagte:

„Du horch mal – ich wusste nicht, dass die Engel so klingen wie unser Senioren-Hirten-Chor – nur irgendwie ausgelassener."

Und als die Engel von ihnen gen Himmel fuhren,
sprachen die Hirten untereinander:
Lasst uns nun gehen nach Bethlehem
und die Geschichte sehen, die da geschehen ist,
die uns der Herr kundgetan hat.
Und sie kamen eilend und fanden beide,
Maria und Josef, dazu das Kind in der Krippe liegen.

Lukas 2,15 – 16

Der Hirtenjunge
spricht

Solch eine Nacht war uns zuvor nicht begegnet, denn mitten im Dunkel strahlten Sterne auf, deren Lichter wir nie erblickt hatten. Und Töne kamen, vielfache Stimmen und Schwingungen, die uns fast zu Boden sinken ließen.

Engel waren es gewesen, die uns verkündeten, dass wir ohne Furcht sein sollten, denn in dieser Nacht sei ein Kind geboren, ein Heiland für uns und alle Welt. Hingehen sollten wir, hatten die Engel gesagt, und dieses Kind finden. Welche Nacht!

Noch erschrocken und erschüttert machten sich alle unsere Hirtinnen und Hirten auf den Weg dieser Weisung.
    Uns Kinder wollten sie zurücklassen, damit wenigstens einige bei den Tieren bleiben würden und außerdem hätten wir Kleinen bei diesem überwältigend großen Ereignis nichts zu suchen.
    Natürlich waren wir mit dem Befehl der Erwachsenen nicht einverstanden. Doch es half kein Meckern; wir sollten bleiben.

Ich merkte, wie der Klang der Engel immer noch und wieder in mir weitertönte.
    Er galt doch auch mir. Und wenn es ein neues Kind gäbe, dann sei es doch vielleicht gerade auch für uns Kinder geboren, dachte ich.

So ging ich den Erwachsenen heimlich hinterher.
    Bei einem Stall kamen wir an, und alle gingen hinein und fielen auf ihre Knie, als sie das Kind in der Krippe sahen.
    Wunderbar sah es aus, und seine Eltern leuchteten wie die anderen Menschen im Stall, sogar die Tiere.
    Doch als ich versteckt hinter den anderen auf das Kind blickte, sah ich, dass es keinesfalls nur strahlte. Sein Gesicht hatte sich verzogen. Es sah aus, als hätte es Schmerzen, als sei ihm nicht ganz wohl, als fehlte ihm etwas. Konnten das die anderen nicht sehen?

Heute geht aus seiner Kammer
Gottes Held,
der die Welt
reißt aus allem Jammer.
Gott wird Mensch dir, Mensch, zugute.
Gottes Kind,
das verbind't
sich mit unserm Blute.

Nun er liegt in seiner Krippen,
ruft zu sich
mich und dich,
spricht mit süßen Lippen:
„Lasset fahrn, o liebe Brüder,
was euch quält,
was euch fehlt;
ich bring alles wieder."

EG 36, 2.5

Verstohlen wagte ich mich etwas weiter vor – und da ich klein bin – und die anderen mich nicht wahrnahmen – kroch ich noch etwas näher zum Kind und zur Krippe, in der es lag.

Da sah ich, ja, ich sah es ganz genau, dass ihn Strohhalme piekten.
    Das konnte doch nicht gut sein.
    Ich krabbelte näher heran und zupfte vorsichtig einige Halme glatt.

Da streckte das Kind sein Händchen nach mir aus.

Da erschien der Engel des Herrn
dem Josef im Traum und sprach:
„Steh auf, nimm das Kindlein und seine Mutter mit dir
und flieh nach Ägypten
und bleib dort, bis ich dir's sage;
denn Herodes hat vor, das Kindlein zu suchen,
um es umzubringen."

Matthäus 2,13

Der Hirtenstab
spricht

Es ist gut, dass die Hirtinnen und Hirten mich und die anderen Stäbe bei sich haben.

Wenn sie mit ihrer Herde wandern, sind wir ihnen Halt im Gehen und erleichtern ihren Schritt. Und wenn Gefahr droht, könnte hier keine und keiner ohne uns bestehen. Immer wieder kommen Tiere, die sich der Herde nähern und ein Schaf reißen wollen – gerade in der Nacht. Dann ergreifen uns die Wachenden und bedrohen, verscheuchen die Räuber mit eindeutigem Schlag. Es ist gut, dass sie darin bestens geübt sind, auch schon *vor* jeder Gefahr.

In jener Nacht, als sich der Himmel unvergleichlich der Erde öffnete, brauchten sie uns als verlässliche Stütze. Sie erschraken so sehr an der Macht des Lichtes und der Gesänge, dass sie uns alle, nach Halt suchend, tief in den Boden hinein trieben.

Dann machten sie sich auf den Weg zum Stall.

Dort angekommen, stellten sie mich und all die anderen Stöcke achtsam ab und knieten vor dem Kind nieder.

Als ich, einer der vielen Hirtenstäbe, so an der Wand gelehnt da stand, sah ich, dass es noch einen anderen von uns gab: einen in der Hand eines Mannes, der wohl der Vater des Kindes war.

Das sah ich gern.

Sicher, in diesem Geburtsgeschehen blickten alle auf das Kind. Na ja, in der Geburt ist das wohl so, dass die Väter etwas außerhalb stehen, dachte ich.

Ich sah den Mann weiter an und merkte, dass ich mich ihm nah fühlte. Er ist auch ein Hirte, dachte ich, und sein Stab ist einer von uns.

Ei so kommt und lasst uns laufen,
stellt euch ein,
Groß und Klein,
eilt mit großen Haufen!
Liebt ihn, der vor Liebe brennet;
schaut den Stern,
der euch gern
Licht und Labsal gönnet.

EG 36, 6

Ich weiß es nicht, ob er mich hörte. als ich ihm sagte:

„Bleib nur ruhig dort und lehn dich auf deinen Stab.

Du bist nicht abgestellt, vergessen, unwichtig – genauso wenig wie ich und dein Stecken.

Wir warten nur.

Die Zeit wird kommen, wo du gebraucht wirst, du als Mann und Vater mit deinem Stab.

So wie die Hirten mich wieder ergreifen werden, wenn sie weiterwandern, wirst du den deinen nehmen, denn du wirst sie führen, die Mutter und das Kind, du wirst sie leiten. Und dein Stab wird dich in diesem Weg unterstützen.

Der Weg braucht uns, so wie wir sind.

Nicht einen goldenen, nicht einen irgendwie außergewöhnlichen, sondern uns – aus gutem Holz, gewachsen, beständig, tragfähig, die wir zuverlässig den Weg bereiten – und zur rechten Zeit drohende Gefahren erkennen und gezielt schlagkräftig verjagen.

Ja, bleib nur ruhig dort, warte und stütz dich auf deinen Stab!"

5. WOCHE

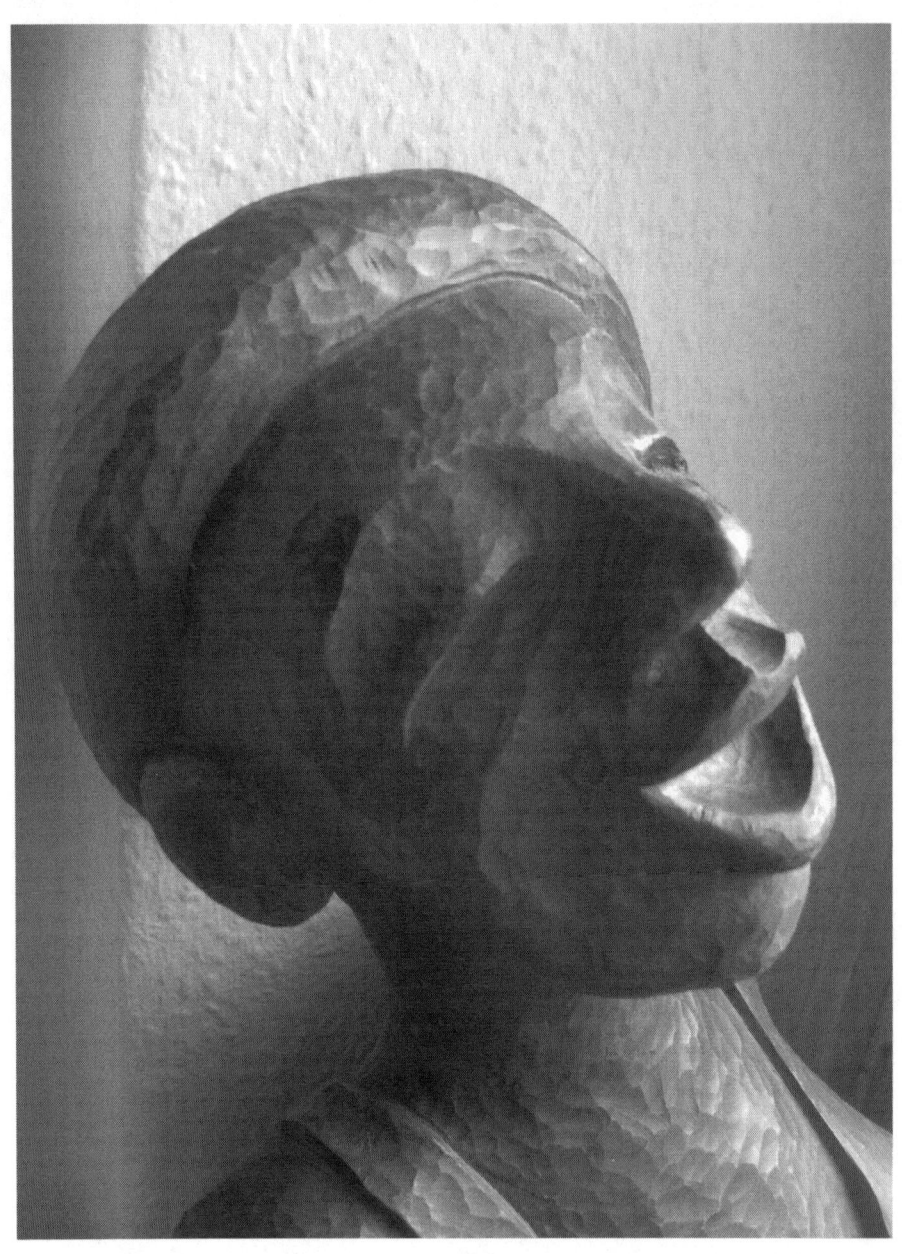

Wir

Was einmal war – wird kommen
was einst geschah – will werden
was gelebt wurde – will geschehen
was zur Welt kam – will geboren werden
Heute
Jetzt
Hier
mitten unter uns,
den Beschenkten,
die wir nicht anders können
als einander weiterzuschenken.

Die Nacht ist vorgedrungen,
der Tag ist nicht mehr fern.
So sei nun Lob gesungen
dem hellen Morgenstern!
Auch wer zur Nacht geweinet,
der stimme froh mit ein.
Der Morgenstern bescheinet
auch deine Angst und Pein.

Dem alle Engel dienen,
wird nun ein Kind und Knecht.
Gott selber ist erschienen
zur Sühne für sein Recht.
Wer schuldig ist auf Erden,
verhüll nicht mehr sein Haupt.
Er soll errettet werden,
wenn er dem Kinde glaubt.

EG 16, 1 – 2

Die Erinnerung
spricht

Es war ein guter Abend, eine schöne Feier. Sie hatten miteinander gesungen, Geschichten vorgelesen und saßen nun beim Festessen, als der Onkel aufstand und bekannt gab, er möchte jetzt etwas sagen.

Erstaunt blickten alle auf, wobei einer der Jungen leise fragte, ob das nicht auch etwas später ginge, nach dem Nachtisch und so. Die strafenden Blicke der Mutter ließen ihn sogleich wieder schweigen, sodass nun alle erwartungsvoll den Onkel ansahen.

Ja, meinte er, es sei schon etwas sehr Besonderes für ihn, hier eingeladen zu sein. Immerhin habe man sich nun viele Jahre, ja, ein Jahrzehnt nicht gesehen, er lebe halt doch weit entfernt von hier; und er staune an den Kindern, wie groß sie geworden seien, ja, wie stattlich die Familie dastehe.

„Da kann ich nicht umhin, auch an früher zu denken, an unsere alte Großfamilie, unsere Weihnachtsfeiern in der Heimat."

Leise wachte ich auf, ich, die Erinnerung, und merkte, wie er an mir nach unten blickte und sich dann wieder der Runde hinwandte.

„Ihr Jungen, ihr könnt es vielleicht gar nicht verstehen, wenn ich von Heimat spreche, ja von unserer verlorenen Heimat, denn wir mussten sie mit den Eltern nach dem Krieg verlassen."

Meine Bilder kamen in ihm auf, ließen ihn zögern, sich räuspern.

„Ja, aber davon will ich gar nicht erzählen, ich möchte euch einfach nur ein wenig vor Augen führen, wie wir in der Heimat den Heiligabend feierten, wie wir die Räume schmückten, den Baum, wie wir uns selbst zurechtmachten, wie wir nachmittags zur Kirche gingen, wie das Festessen zubereitet wurde."

Andere meiner Bilder stiegen in ihm auf, sodass er schwieg, dann fast lächelnd auf den Tisch blickte und die Frau der Familie ansah, die Mutter.

„Ja, Lena, ich glaub, das kannst du dir nicht vorstellen, wie sehr es mich freut, dass du heute als Überraschung *unser* Weihnachtsessen zubereitet hast: ausgebackener Karpfen, Apfel-Meerrettich-Kren …

Ja, Lena, da bringst du Heimat auf den Tisch. Da möchte ich dir danken!"

Die Nacht ist schon im Schwinden,
macht euch zum Stalle auf!
Ihr sollt das Heil dort finden,
das aller Zeiten Lauf
von Anfang an verkündet,
seit eure Schuld geschah.
Nun hat sich euch verbündet,
den Gott selbst ausersah.

Noch manche Nacht wird fallen
auf Menschenleid und -schuld.
Doch wandert nun mit allen
der Stern der Gotteshuld.
Beglänzt von seinem Lichte,
hält euch kein Dunkel mehr,
von Gottes Angesichte
kam euch die Rettung her.

EG 16, 3 – 4

Er stockte.
„Uns allen möchte ich danken, dass wir hier zusammen sein können."

Angerührt setzte er sich wieder hin.
    Alle schwiegen.
    Und ich breitete mich weiter aus.

Der Vater der Familie stand auf, ging zu seinem Bruder und umarmte ihn. Auch die Mutter erhob sich, stellte sich zu den beiden, legte ihre Hände auf deren Schultern.
    Ich war umfangen – und mir war gut.

Und doch bekam ich ebenso mit, dass die Kinder der Familie nicht so recht wussten, wie sie mit der entstandenen Szene und Atmosphäre umgehen könnten. Sie konnten mit mir noch nichts anfangen.
    Betreten schauten sie einander an und schienen dann fast erleichtert zu sein, dass ihnen die leeren Teller auf dem Tisch auffielen. Geräuschvoll stapelten sie sie aufeinander und brachten sie in die Küche. Dann kamen sie mit dem Nachtisch zurück, stellten bewusst neue Teller und Bestecke hin und riefen alle herbei.
    Beim Ergattern der besten Kuchenstücke kommt neue Stimmung auf, vertraut heitere Streitereien untern den Kindern.

Da sagt der Älteste:
    „Ich geh dann mal, ich hab noch ne Verabredung."
    „Was jetzt? Am Heiligen Abend?", fragt der Vater.
    „Ja, ich will zwei Klassenkameraden treffen. Die sind vor ein paar Monaten hierhergekommen, mussten fliehen."

Ich stocke, zittere.
    Es reißt mich, ich vibriere.
    Ich bin
    Jetzt.

Der Junge geht zur Tür, dreht sich um.
    „Kann ich die beiden nachher noch mitbringen?"

5. WOCHE

Alle Jahre wieder kommt das Christuskind
auf die Erde nieder, wo wir Menschen sind.

Kehrt mit seinem Segen ein in jedes Haus,
geht auf allen Wegen mit uns ein und aus.

Steht auch mir zur Seite still und unerkannt,
dass es treu mich leite an der lieben Hand.

Die Flöte
<small>spricht</small>

Es ist soweit. Alle Jahre wieder holt er mich aus dem weichen Samt-Etui.

Und wieder frage ich mich, wieso er mich das ganze Jahr über liegen lässt und immer nur einmal ergreift, immer nur zum Familienfest am Heiligen Abend.

Ich bin aus gutem Holz, schön bin ich und zu sehr feinen Melodien fähig. Doch nicht, wenn er mich nur einmal im Jahr zu sich nimmt und seine alljährlich einzige Melodie an mir erprobt.

Erprobt, so muss man es wohl ehrlicherweise nennen, denn er pustet und prustet in mich hinein. Sicher, er hat sich vorher den Mund abgewischt. Doch ich vertrage nicht so viel Spucke; jedenfalls nicht, wenn Töne aus mir herauskommen sollen.

Und – zu meinem jährlichen Entsetzen vergisst er immer wieder, wann er welche meiner Löcher öffnen und welche andere er mit den Fingern zuhalten möge, damit die gewünschte Melodie erklingen kann.

Auch in diesem Jahr greift er voll daneben. Und das bei der „stillen Nacht", dem Lied, das die Familie traditionell hören möchte.

Erschreckend. Alles, nur nicht still.

Doch er steht da und bemüht sich, das Lied aus mir herauszubringen. Bemüht er sich wirklich – oder hat er Spaß daran, dass die Flötentöne so schräg klingen und manche in der Familie ärgern?

Ach, die Familie. Da haben wir's auch alle Jahre wieder:

Der Großvater ist schwerhörig. Die Großmutter summt und überhört alles andere. Die Mutter ist wie immer gerührt, dass es beim Fest Hausmusik gibt. Und freundlich vermerkt der Vater, dass es ja sicherlich im Stall von Bethlehem auch nicht nur harmonisch geklungen habe.

Nur die Geschwister äußern wie immer ihr aufrichtiges Missfallen, indem sie sich die Ohren zuhalten oder so laut dazwischen husten, dass alles wie in einer zu stimmenden Orchester-Anfangsprobe klingt.

Es ist zum Davonlaufen. Doch das ist mir nicht möglich. Fest hat er mich im Griff und pustet in mich hinein.

Wie viele Jahre schon erklingt dies Drama bei „stiller Nacht"! Wie oft schon flüsterte ich ihm zu, dass er beim „schlaf in himmlischer Ru-hu" den Finger auf dem hinteren Loch halb geschlossen haben müsse und vorn die unteren öffnen möge. Aber nein. Er vertut sich, fingert an meinen Löchern herum und findet prompt jedes Mal die falschen.

Und das, wo dieser oberste Ton im Lied der wesentliche und eindrücklich lauteste ist: „Ruh-hu"!

Ja, laut ist er. Das ist aber auch alles.

Es ist zum Davonlaufen, ich sagte es schon.

Und es geht bei aller Bemühung um Familienharmonie nicht nur mir so. Alle sehen erschöpft aus, in jedem Fall erleichtert, wenn das Flötenspiel vorüber ist. Deutliches Aufatmen breitet sich aus, auch wenn die Großeltern immer noch sinnig in die Krippe schauen und wahrscheinlich schon die ganze Zeit mit ihren Gedanken nicht im Jetzt, sondern im Früher-Einmal verweilen.

Gut haben sie's.

Doch, wie gesagt, es ist endlich vorüber, obwohl es nicht zu fassen ist, dass der Kerle jetzt von allen auch noch Applaus verlangt. Allein, wie er nun da steht und grinst. Ich sage ja, mein Verdacht ist, dass er nur ein wenig ärgern wollte. Doch wofür braucht er dann mich?

Scheußlich. Benutzt fühle ich mich, wenn ich diese Gedanken an mich heranlasse. Also lassen wir das. Momentan bin ich eigentlich nur heilfroh, dass er mich wieder aus der Hand legt und in mein Samt-Etui hüllt.

Wenigstens das handhabt er spürbar sanft und irgendwie liebevoll.

Ja, lass mich nur ruhen, denke ich; auch wenn es bis zum nächsten Jahr ist. Hier in meinem Etui erlebe ich wenigstens etwas von einer guten „stillen Nacht" und einem „Schlaf in himmlischer Ruh-hu".

Ich danke Gott, und freue mich
wie's Kind zur Weihnachtsgabe,
dass ich bin, bin! Und dass ich dich,
schön menschlich Antlitz! habe.

Matthias Claudius

Das Versteck
spricht

Leise Ahnung hatte mich ergriffen, als sie im Sommer das schöne Geschenk für ihren Liebsten hierhinlegte.

O, ich bin ein guter Ort, um nicht gleich entdeckt zu werden, dachte ich. Hoffentlich wird sie mich über die Monate nicht vergessen.

Doch es war so. Ja, es musste bei diesem Geheimnis vielleicht so kommen, dass sie kurz vor Weihnachten selbst nicht mehr wusste, wo sie ihr Geschenk verborgen hatte.

Und nun? Nun raste sie in der Wohnung umher und kramte, durchsuchte, stellte die Bude auf den Kopf, als wäre es Zeit zum Hausputz und grübelte nachts wie tags, wo ich denn sein könne.

Nichts. Wieder und wieder fand sie mich nicht wieder – und ihre schöne Überraschung.

Es war und blieb also eine.

Als sie am Weihnachtsabend etwas beklommen vor ihrem Liebsten stand und ihm zögerlich sagte, dass das wunderbare Geschenk für ihn noch nicht da sei, so gut sei es versteckt – und er müsse da einfach noch etwas warten –, da umarmte er sie lächelnd ...

und sah vorsichtig an ihrem Körper herunter.

Am Weihnachtsbaum die Lichter brennen,
wie glänzt er festlich, lieb und mild,
als späch' er: Wollt in mir erkennen
getreuer Hoffnung stilles Bild!

Die Kinder stehn mit hellen Blicken,
das Auge lacht, es lacht das Herz;
o fröhlich', seliges Entzücken!
Die Alten schauen himmelwärts.

Zwei Engel sind hereingetreten,
kein Auge hat sie kommen sehn,
sie gehn zum Weihnachtstisch und beten,
und wenden wieder sich und gehn.

Gesegnete seid ihr alten Leute,
gesegnet sei, du kleine Schar!
Wir bringen Gottes Segen heute
dem braunen wie dem weißen Haar!

Der Tisch
spricht

Besuch kommt. Ich ahnte es schon, als sie mich auseinanderzogen und dies breite Brett in mich einlegten. Das tun sie immer, wenn sie viele Gäste erwarten und dafür sorgen, dass alle einen Platz an mir finden.

Sicherlich jetzt an Weihnachten, wo die gesamte Familie zusammenkommen wird, dazu noch Freunde.

Es gefällt mir gut, wenn ich zu voller Größe ausgeweitet bin und gerade zum Fest mit besonderen Tüchern bedeckt werde. Eines liegt über dem anderen, um mein Holz zu schonen und das Brett zu verdecken. Und obenauf kommt eine Decke, die immer nur in der Weihnachtszeit hervorgeholt wird. Allein schon wie achtsam sie sie berühren und glätten ... Das schöne Tuch tut mir gut, auch wenn ich jetzt schon weiß, dass die Hausfrau später immerfort achtgeben wird, dass keine Flecken darauf entstehen.

Doch wie will sie das vermeiden bei so vielen Kindern und Erwachsenen, die nach einer respektvollen Ruhe beim Gebet über das leckere Essen herfallen werden.

Die Gäste kommen. Laut höre ich sie sich alle gegenseitig begrüßen. Jetzt werden sie erst einmal einen Willkommenstrunk zu sich nehmen, und die Kinder werden aufpassen, dass die mitgebrachten Geschenke auch ja unter den Baum gelegt werden.

Nun gehen sie um mich herum und fragen höflich, wo sie sich hinsetzen dürfen. Die Hausfrau nennt ihre Vorschläge, die gern aufgegriffen werden. Und schon rumpst es an meinen Beinen. Ich ahne es und erinnere mich gut an die Jahre zuvor. Manche Menschen sind halt größer als andere und haben ihre liebe Mühe damit, einen Platz für ihre Beine unter mir zu finden. Nun gut. Dass sie mich dabei aber anstoßen und anrumpsen müssen, gefällt mir natürlich nicht; nicht nur wegen meines Holzes.

Da sitzen sie nun, und ich kann sie hier von unten gut sehen, die vielen Füße und Beine, die gut geputzten Schuhe und andere, die gebügelten Hosen und andere. Die Damen mit Strumpfhosenbeinen kann ich natürlich auch sehen, jedenfalls so, wie es sich gebührt. Und ihre chicen hochhackigen Schuhe – oftmals sichtbar ganz neue –. Was hab ich da nicht alles an manchen Festen zu sehen bekommen, wie sie sie vor lauter Druck und Schmerz leise abgestreift haben.

Das wird auch in diesem Jahr so sein, vermute ich.

Ach, die Schuhe, Füße und Beine. Was könnte ich da für Geschichten erzählen.

Doch Vorsicht, es beginnt schon wieder. Da ist eines der Kinder, das einem anderen auf den Fuß tritt, wahrscheinlich weil der sich beim Essen-Nehmen vorgedrängelt hat. Und schon faucht der mit seinem Schuh zurück.

Dort aber, was sehe ich dort, da schlängelt sich doch tatsächlich ein zarter Fuß ohne Schuh zu einem Nachbarbein. Ob das ihr Partner ist – oder wer? Das kann ich von hier unten natürlich nicht sehen.

Sehen kann ich aber, wie das männliche Bein reagiert. Sieht mir nicht ganz so nach einer jahrzehntelangen Verbindung aus. Obwohl – ich weiß es nicht, ich hab ja nur den Blick von unten.

Oben speisen und sprechen sie, durcheinander, miteinander, nebeneinander.

Es scheint eine recht muntere bunte Runde zu sein.

Doch halt. Jetzt haben sie sich im Gespräch verhakt. Ich höre, es geht um Politik. Musste das sein, denke ich, musste das nun so kommen – wie alle Jahre. Ihr kennt doch nun eure unterschiedlichen Meinungen; ihr wisst doch längst, wie verschieden ihr denkt und wählt – was muss dies nun wieder ausgesprochen, zerredet und teilweise herausgebrüllt werden.

Und autsch – da treten doch welche an mein Bein, auch noch an ein anderes. Hört auf, denke ich. Doch sie hören mich nicht.

Und nun verhakeln sie sich nicht nur im Reden, sie betonen ihre Positionen auch noch mit den Füßen, treten fest auf den Boden – und o – teils sogar an ein anderes Schienbein.

„Autsch!" Nun tönt es von oben.

Und Gott sei Dank bittet der Hausherr um Ruhe und hält seine vorbereitete Festrede.

Füße krabbeln aneinander, Schuhe treten zärtlich oder auch etwas stärker auf andere, Knie reiben sich gegenseitig. O welcher Anblick hier von unten, denn oben halten sie still und tun so, als würden sie angerührt, gar begeistert der Rede zuhören.

 Ha, welche und wie viele ihrer nicht geäußerten Gedanken fallen runter, ja, hierher zu mir, unter den Tisch.

Ich sehe es, fange es mal schmunzelnd und mal schmerzend auf – und denk mir meinen Teil.

 Vielleicht werde ich zwischendurch mal ein wenig wackeln.

 Aber zusammenbrechen werde ich nicht, ihr da oben – das werde ich nicht zulassen, auch nicht bei möglichen Gegenreden.

Immerhin ist ja Weihnachten.

Morgen, Kinder, wird's was geben,
morgen werden wir uns freun!
Welch ein Jubel, welch ein Leben
wird in unserm Hause sein!
Einmal werden wir noch wach,
heißa, dann ist Weihnachtstag!

Wie wird dann die Stube glänzen
von der großen Lichterzahl!
Schöner als bei frohen Tänzen
ein geputzter Kronensaal.
Wisst ihr noch vom vor'gen Jahr
wie's am Weihnachtsabend war?

Das besondere Geschenk
spricht

Es war schon eigen, wie sie mich verpackten.

Hülle um Hülle drehten sie über mich, um mich herum, trugen mich in eine weitere Schachtel, die wiederum mit buntem Papier umgeben wurde; brachten mich dann in noch einen nächsten Karton, der ebenfalls wunderbar farbig gepackt und verschnürt wurde. Und so fort – bis ich, ich denke, in fünf oder sechs unterschiedlichen Papieren und Hüllen und Schachteln verstaut war – und nun obendrein noch große, leuchtende Schleifen bekam. Was war denn mit den Kindern los? Also, *so* kostbar war mein Inhalt nun nicht.

Dann kam der Heilige Abend und mit ihm die Bescherung in der Familie, auf die natürlich alle schon gewartet hatten. Irgendwann kamen die Kinder zu mir, dem dicksten aller Pakete, fassten mich zusammen an, hoben mich hoch. Wo wollten sie mich hinbringen? Wer sollte mich bekommen?

Entschieden gingen die Kinder mit mir zur Großmutter und überreichten mich, kaum dass ich auf ihren breiten Schoß passte.

„Um Himmels willen, Kinder!", rief die Großmutter, „was macht ihr hier? Was ist das für ein riesiges Paket!" – „Dein Geschenk, Großmama", sagten die Kinder und versteckten sich etwas, da sie kichern mussten.

Da war sie nun, die Beschenkte. Sie öffnete ein Papier nach dem anderen, eine Schachtel nach der nächsten – und stöhnte. Derweil hob die Mutter die ausgepackten Papiere auf, glättete und faltete sie – sicherlich für's nächste Jahr, das macht sie immer so. Doch dieses hier ...

Die Großmutter ächzte und hatte fast schon ihr freundlich lachendes Gesicht verloren als – ja als ich, das Geschenk, endlich in voller Größe und Schönheit herauskam und zu sehen war: ein Fußball. „Ein Fußball? Kinder, was schenkt ihr mir denn einen Fußball?", rief die Großmutter – „den kann ich doch gar nicht brauchen."

„Wissen wir", sagten sie. „Aber da wir auch wissen, dass du sowieso immer alles tauschst, kriegst du dies Jahr den – oder du schenkst ihn uns zurück."

Kling, Glöckchen,
klingelingeling,
kling, Glöckchen kling!

Lasst mich ein, ihr Kinder,
ist so kalt der Winter,
öffnet mir die Türen,
lasst mich nicht erfrieren!

Das Glöckchen
spricht[2]

Es ist ein besonderer Augenblick, wenn ich in der Schachtel mit dem Weihnachtsschmuck wieder gesehen werde und vorsichtig herausgeholt werde. Klar freue ich mich, vor allem, wenn mich der Vater leise antippt und mein zartes Klingeln ertönt. Dann sucht er einen besonderen Platz für mich am Weihnachtsbaum.

So ist er. Der Vater liebt das alljährliche Ritual, den Baum zu schmücken und denkt sich immer wieder etwas Neues aus.

Ich aber bleibe; das finde ich gut.

In diesem Jahr hat er beschlossen, den Baum zur eigenen und späteren Freude der Kinder mit Schokoladenstückchen zu behängen. Dies neben den Kugeln und beachtlich viel silbernem Lametta.

Nun gut, was Neues.

Ich hab meinen Platz und kann mir in Ruhe anschauen, wie er nun weiter schmückend vorgeht. Was hat er da nicht alles an schön verpackten Schokostückchen eingekauft, die nun alle in den Baum dekoriert werden sollen: Weihnachtsmänner, Tannenzapfen, Engel, Autos, Häuser, Schlittschuhe, Türme.

Was ist den Menschen nur alles eingefallen, die die Schokoladen mit diesen Motiven und Mustern farbig verpackt haben!

Hübsch und vielfältig sehen sie auf den Tannenzweigen aus.

Und es sind so viele.

Ich denke, dass die Kinder erfreut sein werden.

Sie waren in der Tat überrascht, als sie ins Weihnachtszimmer kamen und den Christbaum so anders geschmückt sahen als sonst. Ja, schon beim Anblick freuten sie sich darauf, die Zweige anrühren und dann einmal plündern zu können.

Dann einmal ... dann einmal.

Und dann geschah etwas mit diesem Dann-einmal. Ich bekam es mit – die anderen nicht.

Kling, Glöckchen,
klingelingeling,
kling, Glöckchen kling!

Mädchen hört und Bübchen,
macht mir auf das Stübchen,
bring euch viele Gaben,
sollt euch dran erlaben!

Es war spät, sie waren zu Bett gegangen, als sich der Kleine zum Baum schlich und überaus vorsichtig ein Schokoladenstück nach dem anderen aus den bunten Folien heraustibitzte – und die Verpackung fein säuberlich wieder zurückfaltend dekorierte.
Sowas!

Ich klingelte leise, als er manche Zweige berührte.
Er hörte mich und enthüllte die Silberverpackungen noch achtsamer.
Es gelang.
Niemand aus der Familie wurde wach.

Doch am folgenden Weihnachtstag, als allen Kindern nach dem Essen gütig erlaubt wurde, sich *ein* Schokoladenstück vom Baum zu nehmen – da donnerte und kreischte es im Haus.
„Es ist nichts drin! Es ist keine Schokolade drin! Der Weihnachtsmann ist leer, das Auto ist leer, hier, der Engel ist leer, der Turm – nichts ist drin!", riefen die Kinder entsetzt.
„Nichts drin?", fragte der Vater und begutachtete seinen Schmuck.
„Nichts *mehr* drin", sagte er, und ich klingelte und klingelte, denn bei dieser Begutachtung wurden viele Zweige berührt.
Oh, es klingelte und klingelt ...

Spätabends saßen die Eltern noch im Weihnachtszimmer und sprachen über das Geschehen bei einem Glas Wein.
Und während der Vater darüber nachsann, welche Lektion der Jüngste nun zu bekommen habe, meinte die Mutter:
„Was willst du? Eigentlich hat er nur gemacht, was wir allen immer schon gesagt haben:
Es kommt auf die Inhalte an, nicht auf die Verpackung ..."

Da klingelte es in mir.
Einfach so.

5. WOCHE

Von guten Mächten treu und still umgeben,
behütet und getröstet wunderbar,
so will ich diese Tage mit euch leben
und mit euch gehen in ein neues Jahr.

Noch will das alte unsre Herzen quälen,
noch drückt uns böser Tage schwere Last.
Ach Herr, gib unsern aufgeschreckten Seelen
das Heil, für das du uns geschaffen hast.

Wenn sich die Stille nun tief um uns breitet,
so lass uns hören jenen vollen Klang
der Welt, die unsichtbar sich um uns weitet,
all deiner Kinder hohen Lobgesang.

Von guten Mächten wunderbar geborgen,
erwarten wir getrost, was kommen mag.
Gott ist bei uns am Abend und am Morgen
und ganz gewiss an jedem neuen Tag.

Dietrich Bonhoeffer[3]
EG 65, 1 – 2.6 – 7

Die Jahres-Wende
spricht

Es war Silvester. In der Küche bereiteten sie Salate, die sie abends für die Party mitbringen wollten, zu der sie eingeladen waren.

„Wie gut, dass wir in diesem Jahr Silvester woanders feiern", meinte die Frau. „Es war so viel Arbeit über die Feiertage und auch noch nachher."

„Ja, wir sind ziemlich k.o.", sagte er zustimmend. „Da ist Ausatmen angesagt, endlich mal Pause!" Er nahm die gekochten Nudeln aus dem Topf. Und irgendwie fiel ihm dabei siedend heiß ein, dass sie ja seiner Mutter versprochen hatten, noch am Silvester-Abend vorbeizukommen.

Leicht verstört sah er aus, als er es ihr sagte.

„Auch das noch", sagte die Frau. „Die hab ich ja ganz vergessen. Und dabei haben wir ihr hoch und heilig versprochen, zu kommen und ihr auch noch ihr Weihnachtsgeschenk zu bringen."

Stress. Wieso haben wir schon wieder Stress, fragte sie sich und wusste, dass sie jetzt kein falsches Wort sagen dürfte, damit nicht noch Streit ausbräche.

„Ich finde, wir machen es uns einfach", sagte sie. „Wir bringen die Salate zu den Freunden und sagen ihnen, dass wir etwas später kommen. Das müsste doch gehen. Immerhin haben sie viele eingeladen; da fällt das auch gar nicht weiter auf …"

So fuhren sie am Abend los, hatten 100 Kilometer vor sich und merkten während der Fahrt, dass sie keinesfalls in Silvester-Stimmung waren. Genervt waren sie, nun auf der Autobahn zu sein statt sich zuhause vor der Party noch ein wenig auszuruhen. Laut meckerten sie über Autofahrer, die zu schnell fuhren oder zu dicht überholten. Na ja.

Die Mutter jedenfalls freute sich sichtlich an ihrem Kommen, hatte reichlich gutes Essen vorbereitet, erzählte viel von sich selbst, und wollte dann entsprechend ausführlich von den beiden hören, wie sie Weihnachten verbracht hatten, und wie es den Kindern gehe und …

„Nein, ihr geht doch jetzt noch nicht; wir sehen uns so selten!"

Also gut.

Doch gegen 23 Uhr bestanden sie darauf, nun fahren zu müssen, damit sie mit den anderen um Mitternacht ins neue Jahr hineinfeiern könnten.

Erleichtert machten sie sich auf den Weg und fuhren eine gute halbe Stunde über Land, bevor sie in die Autobahn einbogen.

Sie fuhr, denn er hatte sich bereits bei der Mutter ein Gläschen genehmigt. Still waren sie, bis er irgendwann sagte:

„Sag mal, sind wir hier richtig? Hast du die richtige Einfahrt in die Autobahn genommen?" Leicht pikiert meinte sie, *sie* könne schon noch sehen und außerdem gut fahren, was er denn habe.

„Ja, aber hier sind gar keine anderen Autos. Die Autobahn ist ja leer. Sieh mal!"

„Stimmt. Keine Autos. Doch, wir sind auf der Autobahn."

„Auch auf der richtigen Spur?"

„Ich bin keine Geisterfahrerin", meinte sie. „Das ist die richtige Seite."

Ein auf der anderen Seite fahrendes Auto bestätigte sie. Und doch: Es fiel auch ihr auf, dass auf ihrer Spur und nun auch auf der gegenüberliegenden keine Autos fuhren.

„Was ist nur los?", fragte er. „Das gibt es doch nicht. Eine leere Autobahn!" Er stellte das Radio an.

„Was willst du?", fragte sie.

„Ich will einfach hören, ob es irgendwo einen Alarm gab, eine Warnung, nicht auf der Autobahn zu sein."

„Quatsch", meinte sie und sah auf die Uhr. „Weißt du was? Es ist 15 Minuten vor Mitternacht. Die Leute sind jetzt alle irgendwo zum Feiern. Hier ist einfach keiner mehr auf der Fahrt. Nur wir."

Nur wir! Er sah selbst auf die Uhr, stockte, sah auf die leere dunkle Straße. „Wir kommen zu spät", sagte er, „ich hasse dies Zuspätkommen. Die stoßen jetzt gleich ohne uns an."

Da hielt sie den Wagen an.

„Was machst du – bist du verrückt?", schoss es aus ihm heraus.

„Was stoppst du, wo du doch jetzt einen draufziehen könntest, schneller fahren als erlaubt – jetzt, wo die Straße frei ist – und losdüsen – lass mich mal ans Steuer!"

Sie drehte sich zu ihm und sah sein erregtes Gesicht.

„Weißt du was" – sagte sie schmunzelnd, „wir sind jetzt endlich mal nur wir! Niemand will was, niemand treibt uns, und wir erleben, was wir nie erträumt hätten: eine leere Autobahn und Zeit – nur für uns.

Er stockte immer noch, erwog weiterhin, sich selbst ans Steuer zu setzen, als sie ihm die Arme um die Schultern legte und anfing –

„Nee, nee, sowas" – murmelte er, „wir – wir beide mit Zeit allein auf der Autobahn ..."

Er stellte das Radio an, Musik. Und eine Stimme sprach:

„Und nun, meine Damen und Herren, ein Walzer um ins neue Jahr hineinzutanzen."

Er stellte das Radio laut, stieg aus.

Galant öffnete er ihre Wagentür: „Darf ich bitten?"

Juchzend walzten sie mitten auf der Autobahn, und bei den 12-Uhr-Schlägen küssten sie sich, tanzten weiter und wussten, einen besseren Schwung ins neue Jahr hätte es für sie gar nicht geben können.

Ich, die Jahreswende, werde nicht verraten, wie lange sie auf der Autobahn blieben.

Und sie selbst werden es auch niemandem sagen.

Ist doch klar.

5. WOCHE

Ein Reis wird hervorgehen
aus dem Stamm Isais
und ein Zweig aus seiner Wurzel
Frucht bringen.

Jesaja 11,1

O Tannenbaum, o Tannenbaum,
wie treu sind deine Blätter!
Du grünst nicht nur zur Sommerzeit,
nein, auch im Winter, wenn es schneit.
O Tannenbaum, o Tannenbaum,
wie treu sind deine Blätter!

O Tannenbaum, o Tannenbaum,
dein Kleid will mich was lehren:
Die Hoffnung und Beständigkeit
gibt Trost und Kraft zu jeder Zeit,
o Tannenbaum, o Tannenbaum,
dein Kleid will mich was lehren.

Der Tannenbaum
spricht

Nun ist es vorbei. Ich wusste es ja, dass es so kommen würde.

Meine Aufgabe ist beendet. Nun liege ich auf der Straße und warte auf den Abtransport. Wer weiß, was sie mit mir vorhaben. Vielleicht können sie mein Holz brauchen; das ist immer noch gut.

Aber die vielen Nadeln –

„Wie grün sind deine Blätter" haben sie gesungen, wissend, dass ich keine Blätter trage, sondern Nadeln, pieksige grüne Nadeln. Na, und wenn die nach einiger Zeit im Wohnraum dürr und spröde werden und herunterfallen, ist klar, dass die Menschen mich nicht mehr wollen. Entsorgen nennen sie das.

„Du grünst nicht nur zur Sommerzeit."

Was soll's. Wenn sie mein Grünen wirklich besingen wollen würden, hätten sie mich im Wald stehen gelassen – wie die anderen Tannen, die nicht als gesonderte Züchtung für die Weihnacht gepflanzt worden sind.

Aber so isses. Ich wusste es ja, dass ich eine Weihnachtspflanzung werden würde.

Erst hab ich es nicht gewusst und freute mich nur an meinem Leben, den anderen Tannen und dem nahen Wald. Von dort hörte ich immer wieder, wie Menschen ihn mögen und darin aufatmen; wie sie aufleben, wenn sie umhergehen und die vielen Bäume sehen.

Die Nachbartannen erzählten mir, man wisse, dass sich Menschen schon immer an Bäumen erfreut hätten und sich zuweilen in ihnen erkennen. Menschen mögen die Vorstellung, selbst wie ein Baum gepflanzt zu sein, wachsen zu können, jedes Wetter auszuhalten, in Sturm und Wärme da zu stehen, in Wurzeln begründet, gehalten im Wurzelwerk, an Licht und Himmel aufzuwachsen, zu erstarken, sich zu verzweigen.

Wie viele Dichtungen, Gedichte und Lieder zu Bäumen haben Menschen zu allen Zeiten hervorgebracht; Weisheiten. „Einzeln wie ein Baum und gemeinschaftlich wie der Wald" – das ist unsere Hoffnung.

Schöne Verse erinnerten meine Nachbartannen, auch wenn ich dabei manchmal dachte, dass Menschen unser Baum-Sein ein wenig schön träumen – so, als wären wir immer nur gelassen und als würden wir keine Schmerzen im Wachsen und Bleiben kennen, gar in der Gemeinschaft.

Na ja. Trotzdem gefallen mir die Verse gut – und auch, dass Menschen seit einiger Zeit bewusster wird, dass sie ohne Bäume als Gattung Mensch nicht leben können.

Doch wir, ich? Wieso gehören wir nicht dazu? Wieso sind wir anders?
Ich hab eine Zeit gebraucht, um es überhaupt hören zu können, dass ich zu einer Weihnachtspflanzung gehöre und schon bald gefällt werden würde. Ja, da hab ich lang gebraucht, dies zumindest ein wenig zu verstehen. Es braucht halt Zeit, in seine Bestimmung hineinzuwachsen – vom Annehmen ganz zu schweigen.

Bestimmung – was soll dies große Wort.
Ich merke, wie ich murre, wenn ich hier nun so rumliege und nicht umhin kann, mich zu fragen, was mein kleines Weihnachtsleben überhaupt sollte. Die paar Jahre wachsen, dann aus den Wurzeln gehauen werden, auf Lastwagen geladen mit vielen anderen, an Weihnachtsmärkten aufgestellt, nach Form und Größe begutachtet, von jemandem gekauft, in ein Netz gedrängt, sodass man mich tragen kann, hingeschleppt in eine Wohnung, in einen Ständer eingezwängt, am unteren Ende des Stammes noch einmal zurechtgeschnitzt, bis man dann für den jeweiligen Geschmack so recht geradegebogen da steht.
Nun ja.
Menschen mögen nun mal an Weihnachten einen Baum in ihrer Wohnung. Und wir in der Sonderpflanzung sind dafür bestimmt.
Was soll's. Da hilft kein Widerstand. An Weihnachten muss ein Baum her.

Meine Nachbartannen haben mir erzählt, dass es noch gar nicht so lang her sei, dass die Menschen ihren eigenen Weihnachtsbaum wollen; erst seit ein paar Jahrhunderten. Vorher waren sie mit einigen Zweigen zufrieden, die sie in die Häuser hingen, um böse Geister zu vertreiben und damit selbst „auf den grünen Zweig" zu kommen.

Heidnische Bräuche – so sollen die Kirchen geklagt haben. Doch mit ihrem Glauben, dass in der Geburt Jesu „ein Reis aus dem Stamme hervorkommen wird", haben sie sich mit den Bräuchen einverstanden erklärt.

Ein paar Zweige von uns, das gefällt mir. Später soll es dann auf öffentlichen Plätzen *einen* Baum gegeben haben. Einer für alle.

In uralter Zeit wurde der Eine als Weltenbaum gefeiert. Dann wurde weiter gedeutet, dass dieser Baum den Lebensbaum darstelle, ein Symbol auch für Christus. Erst nur einer, dann wurden es immer mehr – bis ein jeweils eigener in die Häuser und Wohnungen kommen sollte. Das habe sich nun über die Jahre und Jahrhunderte so eingebürgert.

Nicht nur die Krippe: Leben, grünes Leben, einen Lebensbaum wollten und wollen die Menschen in ihrer heimatlich weihnachtlichen Mitte.

„Dann beginnt Weihnachten", sagen die Menschen, „dann, wenn der Baum da steht."

Und dafür sind wir da – erzählten die Nachbarbäume.

Nun gut. Ich höre euch, ihr gebildeten Tannen.

Und dann erlebte ich es.

Weggeholt haben sie mich von euch, ihr lieben Nachbarn, na, den Weg hab ich ja schon erzählt...

Ich hatte Glück. Ich kam in eine Familie, die sich wahrhaftig auf mich gefreut hatte. Freilich mit einem Ritual, auf das ich, Gott sei Dank, durch Erzählungen schon ein wenig vorbereitet war, denn wir Weihnachtsbäume sind nicht genug, so wie wir sind und grünend dastehen. Wir werden sogleich mit den Bäumen der Vorjahre verglichen:

„Also dieses Jahr ist er aber besonders schön" oder: „Also nein, so geht das aber gar nicht." Und unser Grünen wird als nackt und unvollkommen betrachtet. Unser lebendiges Grün! „Oh, oh Tannenbaum."

Von wegen „dein Kleid will mich was lehren". Schmuckschachteln werden geöffnet und unsere Zweige damit je nach Geschmack behängt. Was haben die anderen mir da schon alles erzählt vom Silberlametta und Gold, von Kugeln und

Das ewig Licht geht da herein,
gibt der Welt ein' neuen Schein;
es leucht' wohl mitten in der Nacht
und uns des Lichtes Kinder macht.

EG 23, 4

Spielzeug, von Äpfeln und Strohsternen. Und natürlich die kleinen Gehäuse für die Kerzen.

    Mein Gott, die Kerzen.

    Welches Drama, bis sie in die Zweige passen – und ewig die Angst, sie könnten dem Schmuck schaden, wenn sie brennen oder Wachs könne auf den Boden triefen und überhaupt – wir werden immer gefährlicher.

    Aber es muss sein. Die Kerzen am Baum müssen brennen.

    Dann erst ist wirklich Weihnachten.

Ich wusste es, dass es so kommen würde; aber ich wusste es eben nicht, denn nun erlebte ich an mir selbst, wie die Familie und vor allem die Kinder sich freuten, als die Kerzen an mir brannten und sie ins Weihnachtszimmer kamen.

    Ja, das war ein wunderbarer Moment, als ich sie an den Lichtern selbst strahlen sah.

    Baum – Lebensbaum – ein grüner Lichterbaum bin ich, der das innere Licht der Freude in ihnen entzündet und sie selbst leuchten lässt, weil sie Weihnachten sehen und in sich spüren.

    „… gibt der Welt einen neuen Schein".

    Der Lebensbaum ist voller Licht.

Es war dieser Moment, diese Stunde, die ich mit ihnen erlebte, wo ich um meine Bestimmung wusste: mein leuchtendes Grün.

    Es lebte ja schon immer in mir.

    Doch nun – mit den brennenden Kerzen der Weihnacht, konnten es die Menschen *sehen*, aufnehmen.

Ich bringe sie zum Leuchten.

    Dafür bin ich da.

Da ist noch immer ein Rest Wachs an mir, jetzt, wo es vorbei ist.

    Und da ist noch etwas anderes, jetzt, wo ich die lichtgrüne Stunde erinnere.

Ja, holt mich nur ab, ihr Entsorgungs-Genossen.

    Es ist vorbei

    und es ist nicht vorbei.

6. WOCHE

SIE

Sicher bin ich
sicher höre ich eure Not.
Sicher nehme ich sie in mir auf
nehme euch zu mir.

Ich umhülle eure Klage
euer Schreien.
Ich halte eure Wunden.

Ruft
Schreit
Klagt

Und wisst um die Liebe.

Schaut hin, dort liegt im finstern Stall,
des Herrschaft gehet überall,
Das Wort, so bald im Anfang war
bei Gott, selbst Gott, das lieget dar.

Paul Gerhardt

Der Stall
spricht

O Wunder über Wunder – was ist mit mir geschehen?
Jeder konnte sehen, dass ich erbärmlich war. Mein Holz war schimmelig, mein Innenraum kaum noch sichtbar vor lauter zusammengefallener Wände.

Es war schon mehr als verwunderlich, dass die beiden Menschen zu mir hereinkamen, und die Frau ihr Kind hier zur Welt brachte. Mein Gott, war denn wirklich nichts Besseres denkbar gewesen?
Nun gut. Es war so.
Ich wachte und staunte, wie dann in dieser Nacht alles aufstrahlte. Welch neue Geschichte brach hier für die Menschen an! Dass ich morsches Gebilde das mitbekomme!
So dachte ich, als ich dies wundersame Ereignis in mir erlebte.

Doch – mal ehrlich – was ist dabei aus *mir* geworden?
Nicht zu fassen: Mit dem Kind werde ich doch tatsächlich als berühmter Stall von Bethlehem gepriesen. Und mein Herabgekommen-Sein wird in der Erinnerung wie eine prächtige Hülle dargestellt!

Sicher, in jener Nacht leuchtete ich wie alle und alles.
Ein Gottesraum war ich, der geschah. Das war mir Wunder, ist es noch.
Ein Gottesraum in dunkler Wirklichkeit.
Ja, in dunkler Wirklichkeit, denn bei allem Licht, das mich verwandelte, blieb ich der morsche Stall.

Haben das die Menschen nicht gesehen?
Was ist mit ihnen, dass sie meine ganze, eben auch Armseligkeit nicht wahrnahmen und innerlich fast einen Palast aus mir gemacht haben?
Was heißt innerlich?
Hohe, große Gebäude haben sie für das Kind und die Feier seiner Geburt gebaut. Wollten sie das Licht jener Nacht für immer erinnernd bewahren, dass sie

Ich steh an deiner Krippen hier,
o Jesu, du mein Leben;
ich komme, bring und schenke dir,
was du mir hast gegeben.
Nimm hin, es ist mein Geist und Sinn,
Herz, Seel und Mut, nimm alles hin
und lass dir's wohlgefallen.

Da ich noch nicht geboren war,
da bist du mir geboren
und hast mich dir zu eigen gar,
eh ich dich kannt, erkoren.
Eh ich durch deine Hand gemacht,
da hast du schon bei dir bedacht,
wie du mein wolltest werden.

EG 37, 1 – 2

derart machtvoll lichtdurchflutete Räume erdachten? Oder wollten sie meine dunkle Armut vergessen?

„Schaut hin, dort liegt im finstern Stall ..." singen sie voller Anbetung in der Weihnacht und stellen inmitten geschmückter Räume eine bescheidene Krippe und ein hölzernes Abbild von mir auf.

Aber ich bin Wirklichkeit!
„Schaut hin, dort liegt im finstern Stall ..."
Ja, schaut das Kind, um das es geht, denke ich. Und könnt ihr auch mich ansehen, den „finstern Stall", die dunkle Wirklichkeit, in der Gott geboren wurde?
Könnt ihr das Dunkel der vielen Ställe und verfallenen Hütten auf dieser Erde wahrnehmen, in denen unzählige Kinder geboren werden?

Ich spüre noch den Blick des Neugeborenen in der Krippe.

Ich lag in tiefster Todesnacht,
du warest meine Sonne,
die Sonne, die mir zugebracht
Licht, Leben, Freud und Wonne.
O Sonne, die das werte Licht
des Glaubens in mir zugericht',
wie schön sind deine Strahlen!

EG 37, 3

Die andere Nacht
spricht

Als die Feiern vorüber waren
und sie sich Zeit für sich allein gönnte,
starrte sie auf die Krippe
und sah, dass kein Kind darin lag.

Es lag dort, doch sie sah es nicht.
Sie sah, dass es keines gab.

In dieser Nacht
verhüllte sie sich.

Dunkel umgab sie
Dunkel durchwob sie
nicht endend finster –.

Doch die Nacht
weitete sich
um sie
und ihr Zittern
und umfing
umarmte
ihre Hölle.

Weit drüben
entstand ein Licht
in zarter Mondsichel.

Als Jesus geboren war in Bethlehem in Judäa
zur Zeit des Königs Herodes, siehe, da kamen Weise
aus dem Morgenland nach Jerusalem und sprachen:
Wo ist der neugeborene König der Juden?
Wir haben seinen Stern gesehen im Morgenland
und sind gekommen, ihn anzubeten ...

Und siehe, der Stern, den sie im Morgenland gesehen
hatten, ging vor ihnen her, bis er über dem Ort stand,
wo das Kindlein war.
Als sie den Stern sahen, wurden sie hocherfreut
und gingen in das Haus und fanden das Kindlein
mit Maria, seiner Mutter ...

Matthäus 2,1 – 2.9 – 11

Das Königserwachen
spricht

Es waren einmal vier Könige im Osten, Westen, Süden und Norden dieser Erde. Die hatten – jeder in seinem Reich – große Not in der Frage, wie es mit ihrem Volk, den Nachkommen und der Erde weitergehen könne. Und sie wussten sich keinen Rat.

Da hörte ein jeder eine Stimme im Traum, es werde ein neuer König geboren. Der bringe Weisheit mit sich und wisse um das lebenswert Neue für ihre Zukunft.

Auch hatten alle vier verkündet bekommen, dass ein Stern vor ihnen her ziehe, der ihnen den Weg zum Ort des Neuen zeige und dort still stehen werde.

So machten sich die Könige auf und begegneten sich im Reisen.

Sie begrüßten sich, begutachteten ihre prächtigen Kronen und Geschenke und staunten, als sie einander von ähnlicher Weisung erzählten, die sie gehört hatten.

Die vier freuten sich an ihrem gemeinsamen Traum und zogen heiter miteinander des Weges. Doch – anders als gedacht – war der Weg sehr beschwerlich und lang. So zweifelten sie bisweilen daran, ob ihre Reise wirklich diese Mühe wert sei.

Der klare Leitstern aber zog immer weiter vor den Königen her; und wenn sie sein Licht aufschimmern sahen, fanden sie neue Kraft im Weitergehen.

Eines Nachts blieb der Stern mit einem Male stehen; und die Könige freuten sich, endlich angekommen zu sein.

Erwartungsvoll gingen sie in den Raum hinein, stellten ihre mitgebrachten Geschenke ab und schauten umher, um den angekündigt versprochenen Ort neuen Lebens zu erkunden.

Doch was war das hier?

Ich sehe dich mit Freuden an
und kann mich nicht sattsehen;
und weil ich nun nichts weiter kann,
bleib ich anbetend stehen.
O dass mein Sinn ein Abgrund wär
und meine Seel ein weites Meer,
dass ich dich möchte fassen!

EG 37, 4

Die Könige fühlten sich wie vor den Kopf gestoßen, als sie sich umsahen. Rätselnd tasteten sie sich an den Wänden entlang und fragten sich, welche Weisung für die Zukunft ihres Landes in dieser verfallenen Hütte verborgen sein sollte. Fragend tappten sie umher.

Plötzlich krachte es.

Ein morscher Balken war herab gebrochen. Aufgeschreckt gingen die Könige auf das Geschehen zu. Doch da sie im Halbdunkel des Stalles kaum etwas erkennen konnten, stolperte einer von ihnen über den Balken und flog der Länge nach hin.

Um Himmels Willen! Betroffen sahen die Könige, wie dieser König direkt vor die Krippe gestürzt war.

Hingestreckt lag er da – seine Krone am Boden.

Himmel! Wie gelähmt blieben sie stehen, starrten.

Da hörten sie den Mann an der Krippe sprechen:

„Schau mal, Maria, Könige sind hier. Und einer ist bereits anbetend vor dem Kind niedergefallen. Welches Wunder geschieht uns heute!"

Worauf die Frau sagte:

„Hoffentlich ist er nicht verletzt. Es hat ihm ja die Krone vom Kopf gehauen. Vielleicht sollten wir mal nachsehen."

Noch während sie sprach, begann der gestürzte König, sich irgendwie aufzurappeln. Mühsam zog er sich an Armen und Händen vom Boden hoch und sah – direkt in die Augen des Kindes in der Krippe.

Er sah –

das Kind –

immer weiter sahen sie einander an.

Da fing das Kind zu lachen an.

Erst leise, dann quietschend, strampelte es, streckte seine Ärmchen in die Luft und sah dabei den überrascht verdutzten König unentwegt weiter an – bis der nicht anders konnte, als mit dem Kind mit zu lachen.

Eins aber, hoff ich, wirst du mir,
mein Heiland, nicht versagen:
dass ich dich möge für und für
in, bei und an mir tragen.
So lass mich doch dein Kripplein sein;
komm, komm und lege bei mir ein
dich und all deine Freuden.

EG 37, 9

… Und sie fielen nieder und beteten es an
und taten ihre Schätze auf und schenkten ihm
Gold, Weihrauch und Myrrhe.

Matthäus 2,11

Das riss die anderen Könige aus ihrer Starre.

Vorsichtig kamen sie näher, sahen den lachenden König, schauten das Kind an – das Kind sie – schauten einander an – und sahen, ja sahen, wie sie gemeinsam mit dem Kind aufstrahlten.

Verwundert erhoben sie ihre Hände.

Wie von selbst ergriffen sie ihre Kronen und legten sie behutsam neben die gestürzte auf die Erde vor die Krippe hin.

Da konnte der Stern über dem Stall nicht mehr still stehen. Funkelnd und sprühend sprang er in Tausende Kristalle auf, sodass Millionen Lichter durch die Luft wirbelten, den Stall umkreisten und erleuchteten.

„Das neue Leben!" riefen die Könige in sie umspringende Lichterfunken hinein.

„Himmel, da ist es!", durchfuhr es sie, als sie sahen, wie sich die glänzend schillernden Funken in der Mitte der Krippe sammelten und aufglühten.

„Der neue König – ein Kind!
  Ein Kind ist uns geboren!
  Ein Kind, das uns ansieht wie wir sind –
  einfach wie wir sind –
  und uns leuchtend ins Leben sprengt
  lachend – zueinander!",
  jubelten die Könige.

Fast hätten sie ihre mitgebrachten Geschenke vergessen.

Amazing grace, how sweet the sound,
that saved a wretch like me!
I once was lost, but now I am found,
was blind, but now I see.

T'was grace that taught my heart to fear,
and grace my fears relieved;
how precious did that grace appear,
the hour I first believed!

Der Strand
spricht

Wie sehr liebe ich mein weites Leben am Meer.
Und freilich lieben es die Menschen.
Täglich kommen junge Leute, die nach Strandgut suchen. Sie brauchen, was das Meer auf mir hinterlassen hat; verkaufen Muscheln, gestalten kleine Kunstwerke. Andere kommen, um sich auf mir auszuruhen und Erfrischung im Wasser zu suchen.

Doch Vorsicht!
Das Meer ist hier sehr gefährlich mit seiner Brandung und der Unterströmung. Es gibt nur wenige Bereiche, wo Menschen hineingehen können, gehen – nicht einmal schwimmen – , so mitreißend gefährlich sind die Wellen.

Jetzt, an Weihnachten werden viele Menschen kommen, um die Feiertage bei mir zu verbringen. Aus unterschiedlichsten Gegenden und Ländern werden sie angereist kommen.
Ich freue mich, denn ich bin für alle offen: Eintritt-frei.
Das ist mir wirklich Grund der Freude!

Vor Jahren noch hatten sie mich in bestimmte Gebiete für die Farbigen und die Weißen aufgeteilt. Nach Hautfarben getrennt sollten die Menschen mich und das Meer erleben, voneinander abgeschieden wie auch sonst in den umliegenden Städten und Dörfern.
Welche Verrücktheit, dachte ich oft.
Mich und die Erde kann man doch nicht einfach aufteilen!
Und das Meer, das alles umfassende, schon gar nicht.
Welcher Unsinn trieb da die Ordnenden an.
Doch das ist nun – Gott sei Dank – vorbei.

Sie kommen alle. Und ich werde es wieder erleben: Die Dunklen werden rasch dafür sorgen, geschützt zu sein. Und die Hellen werden wie immer wünschen,

Through many dangers, toils and snares,
I have already come;
t'was grace that brought me safe thus far
and grace will lead me home.

When we've been there ten thousand years,
bright shining as the sun,
we've no less days to sing God's praise
than when we'd first begun.

eine etwas dunklere Hautfarbe zu bekommen. Schon eigen, wie sie sich mit ihren Wünschen vermischen.

Da sind sie.

In kleinen Gruppen liegen sie auf mir; und Kinder wie Erwachsene gehen immer einmal wieder ins Meer, spielen mit den Wellen. Da sind sie. Halb angezogen oder auch in ganzen Gewändern verschleiert, andere in Badehosen – tasten sie sich in die Brandung vor und merken, wie reißend das Meer ist.

Da hab ich schon etliche schlimme Geschichten mitbekommen …

Doch die schönste erlebe ich, wenn ich sehe, wie die Menschen ungetrennt miteinander in Wogen und Wellen hüpfen und wie sie – auch ohne dass es ihnen unbedingt bewusst ist – schlichtweg aufeinander aufpassen, sodass nicht nur ihnen selbst, sondern auch ihren Nachbarn und vor allem allen Kindern nichts Schlimmes geschehe.

Sie achten aufeinander – ohne Trennung von Hautfarbe, Geschlecht, Kultur. Ja, alles sonst irgendwie immer noch Trennende ist fort, fort an der wahrhaftigen Schönheit und Gefahr, die allen gilt: der Kraft des Meeres.

„O Mare la mer",
durchweht es mich voller Freude.
Umfassende, aus der wir sind,
und die die Länder und uns umgibt,
die erfrischend ist, erquickend und ebenso bedrohlich –
wie beschenkst du uns, gerade auch heute an Weihnachten,
dass du uns alle miteinander meinst
mit deiner lebendigen wilden Schönheit –
und uns zueinander aufleben lässt –
ohne große Worte
ohne jeglichen Kommentar:
Amazing grace!"

O Jesulein zart, dein Kripplein ist hart,
o Jesulein zart, wie liegst du so hart.
Ach schlaf, ach tu die Äuglein zu,
schlaf und gib uns die ewige Ruh'!

Seid stille, ihr Wind', lasst schlafen das Kind!
All' Brausen sei fern, es ruhen will gern.
Schlaf, Kind, schlaf, tu die Äuglein zu,
schlaf und gib uns die ewige Ruh'.
Ihr Stürme, halt't ein, das Rauschen lasst sein!
Seid stille, ihr Wind', lasst schlafen das Kind!

Die Steine
sprechen

Wir sind vor längerer Zeit hierher gebracht worden, zusammengelegt, gefügt, um dem rauhen Meer eine Grenze zu setzen und das Land ein wenig zu schützen. Laut peitscht die Gischt an uns ab, schnellt, rast in die Höhe, überschlägt sich und prasselt auf uns herunter.

Doch sag, kleiner Mensch, was liegst du hier auf uns?
    Das ist doch keine gute Unterlage für dich!
    Wir sind viel zu hart und sicherlich schmerzend.
    Was liegst du hier und schläfst sogar auf uns?
    Hast du keinen anderen Ort? Kein Bett, keine Decke?
    Bist du geflohen? Versteckst du dich hier, wo dich wahrscheinlich niemand vermutet? Was ist mit dir?
    Bist du so müde, dass du sogar auf diesem Pflaster eingeschlafen bist?
    Was hat dich so erschöpft?
    Wie lebst du sonst – und wo?
    Gibt niemand auf dich acht?
    Kennst du keinen Schutz, keine liebende Grenze,
    keinen Leben gebenden wärmenden Ort,
    dass du nun hier liegst und schläfst?

Ja, wir passen schon auf dich auf, in unserer Weise jedenfalls.
    Doch – bald musst du aufwachen.
    Das Meer wird unruhiger, die Wellen kommen näher
    und könnten dich bös und heftig erwischen,
    völlig durchnässen und –
    wenn du nicht bald aufwachst, dich mit sich reißen.
    Das darf nicht geschehen.
    Wie können wir dich wecken? Kannst du uns hören?
    Hört uns jemand?
    Sieht jemand dich?

Du Licht des Morgens, Halleluja
Du Anfang und Ende, Halleluja
Du Anfang und Ende der Zeit, Halleluja
Du Schöpfer des Lebens
Du Quelle der Freude
Du unermessliches Licht – Halleluja

nach Jörg Zink

Die Geburt
spricht

Reich kommst Du	Arm kommst Du
in jedem Kind	
kommst Du	
reich	arm
wie Du selbst auf die Erde kamst.	
Aus dem Licht	Aus dem Dunkel
kamst Du und warst es.	
Aus Licht	Dunkel
kommt jedes Kind	
strahlt es aus.	birgt es
In jedem Kind leuchtest Du auf	Geheimnis
gezeugt empfangen geboren	inwendig gegeben
wie jedes Kind	
aus Vater und Mutter.	aus Liebe
Angewiesen kamst Du	frei
wie jedes Kind.	
Lebst hingegeben	stirbst
in jedem Kind,	
jeder Frau jedem Mann.	
Lebst uns ins Werden auf.	in uns hinein
	verwandelnd
Alle sind wir Kinder,	
alle Mütter, Väter	
in Dir	zueinander
	befreit

Lebendiges im Jetzt
Nachwort und Dank

Im Schreiben der Geschichten wurde mir erneut bewusst, wie sehr ich meinem Elternhaus danke, das uns in der Weihnachtszeit in besonderer Weise mit Musik und Liedern beschenkte, mit Bräuchen der Familien und Kulturen.

Vor allem danke ich meinen Großmüttern. Sicherlich haben die vielfältigen Erlebnisse mit ihnen dazu beigetragen, dass mir die Kalender-Geschichten eingefallen sind.

Das Leben der Großmütter betrachtend, denke ich heute, dass sie nicht nur in der Weihnachtszeit wie in einem Advent lebten. Sie legten Spuren, die mich in meinem Lebensweg begleiteten und immer weiter bewegen: unser Wahrnehmen und Bewusstsein im Jetzt.

Dies waren beileibe nicht die Worte der Großmütter – doch sie lebten sie mit ihrer Präsenz, ihrer Geistesgegenwart. Wenn sie Geschichten erzählten, waren sie so lebendig, dass alles nicht nur einstmals gewesen war – es war auch im Kommen, im Werden und geschah deutlich jetzt bei uns.

Erleben im Jetzt ereignete sich auch, wenn wir zusammen in der Natur waren.
Beide Großmütter hatten einen Blick, der sie immer wieder innehalten ließ.
In allerkleinsten Zeichen konnten sie etwas von einem wunderbaren Geschehen wahrnehmen. „Habt ihr dies Licht in den Zweigen gesehen?" Neugierig waren sie darauf, was wir Kinder selbst erlebten und freuten sich mit.
So waren sie, unsere Großmütter. Sie hielten alle Kinder für begabt und geistreich. Immerhin war ja auch Gott selbst als Kind zur Welt gekommen und lebte nun in uns – und natürlich auch in allen Dingen.

Was alles ist da im Leben und will entdeckt werden?
„Fang ein Wunder auf, das du siehst, freu dich dran, gib ihm einen Namen und schenk es weiter –."
Lebensbewegungen, adventliche Bewegungen.

Gern erinnere ich unser heiteres Spiel im Beschenken und Sich-Beschenken-Lassen, das damals noch nichts von aufrechnender Geben-Nehmen-Leistung kannte.

„Womit bist du jetzt beschenkt?"
Auch heute denke ich an die immer wieder auftauchende Frage der Großmütter und stocke mitunter, wenn ich bei manchen Nachrichten und Themen sehe, was alles fehlt und nicht weiterzugehen scheint.

Wenn es nicht weitergeht – unsere Kindheit war alles andere als immer nur strahlend!
Es war Nachkriegszeit. Schwer Erlebtes, Not in der Gegenwart, Schuld und Trauer lasteten auf vielen Menschen und prägten die Atmosphäre auch in unserer Familie. Das war Wirklichkeit.
Aber es gab glücklicherweise auch eine andere, wenn wir miteinander spielten und Geschichten erlebten. Unvergleichlich öffnete sich Neues, wenn die Großmütter im Advent ihre geliebten alten Lieder sangen, die Hoffen auf eine andere Zukunft mit sich brachten.
Im Klang konnte ich sie hören.

Welche Melodien und Worte!
In bitteren Kriegszeiten hatten die Alten wie Paul Gerhardt und Jochen Klepper diese Lieder gedichtet – in einer Geisteskraft, die ihr Jetzt überstieg und Hoffen auf eine neue Welt und Wirklichkeit freisetzte.
Sie bereiteten sie vor.

„I have a dream" sang es in Martin Luther King, der von seinem Traum so beseelt war, dass er in ihm lebte und in diesem Bewusstsein mutige Schritte ging, um neue Wirklichkeit vorzubereiten.

„Hör nicht auf, eine andere Zukunft zu träumen – „höre ich von diesen und anderen visionären Frauen und Männern in mir. Hör nicht auf …

Die Zukunft, auf die wir zugehen, lebt schon im Jetzt.

Welches Werden bereiten wir vor? Auch wenn wir stolpern.
  Was will werden?

Beim Schreiben der Geschichten fielen mir Begegnungen mit unterschiedlichen Menschen ein und Erfahrungen mit Lehrern, Gedanken verschiedener Schriften.

Wahrnehmen, begegnen, aufnehmen, wirken lassen, vorbereiten und zur Welt bringen –. Dem Geschehen in diesen Bewegungen in jeder Interaktion und in uns selbst gaben die Lehrenden wesentliche und ganzheitliche Aufmerksamkeit.

Wie nebenbei entstanden mir dabei Einsichten in die alten Geschichten im Advent – und Advent in Lebensgeschichten, wie ich sie mit den Großmüttern erlebt hatte.
  „Alles wirkliche Leben ist Begegnung." (Martin Buber)
  „*Alles* ist austragen und dann gebären." (Rainer M. Rilke)

So möchte ich Lehrerinnen und Lehrer in der Kommunikation und Gestalt-Psychologie, Philosophie und Theologie danken, Verena van Ogtrop für ihre Begleitungen in der Europäischen Meditation.

Danken möchte ich auch Joanna Macy (Tiefenökologie) und anderen, die mutig und oft widerständig für die Möglichkeit unseres Zusammenlebens in Erde und Menschheit einstehen. Jetzt. Nicht nur nachhaltig –.

Ebenso dankbar bin ich dem nährenden Reichtum von Musik und Gedichten vieler Kulturen und unserer eigenen, die in ihren Sprachen und Klängen das Geistige aufleuchten lassen.

Ich danke den vielen Gruppen in der Kommunikation und im Bibliodrama, diesem Weg, in der Begegnung mit einem Text Weisungen für unser Jetzt wahrnehmen zu können. Dieser Ansatz bewegte mich dazu, auch im Schreiben dieses Buches heutige Geschichten mit dem Kulturgut der Tradition zusammen zu bringen.

Inwendig in den Geschichten leben auch Advents- Gestaltungen in Wort und Musik, u.a.in St. Johannis-Harvestehude-Hamburg und im Rundfunk.

Für begleitendes kritisches Lesen der Kalender-Geschichten danke ich Melanie Kirschstein, Friedrich Brandi, Brigitte Klaproth, Thilo von Janson und Hildegard Lüning.

Und wie hätte ich ohne ermutigende Zeichen der Freundinnen und Freunde schreiben können? Ich danke u.a. Liane, Andreas, Eva, Elisabeth, David, Dr. M., Peter, Angela, Birgitta, Ruth, Liisa, Wolfhard, Herta, Dorle, Isolde, Ivo, Ma, den Langers, einer Freundin, die nicht genannt werden möchte und Dir.

Herzlich danke ich dem Lektor des Luther-Verlags, Hans Möhler, für unsere gute Zusammenarbeit und Meike Langer für die graphische Idee und Gestaltung des Buch-Covers.

Inspirationen

- Die Bibel, Übersetzung Martin Luther 1984.
- Die Bibel, Zürcher Übersetzung 2007.
- Die Bibel, Übersetzungen von Martin Buber 1967.
- Evangelisches Gesangbuch
- Gotteslob

- Bode, Sabine, Die vergessene Generation, Piper 2004
- Buber, Martin, Ich und Du, Lambert Schneider 1962.
- de Chardin, Pierre Teilhard, Der Mensch im Kosmos, Beck 1981.
- Fox, Matthew, Schöpfungs-Spiritualität, Kreuz 1993.
- Gebser, Jean, Ursprung und Gegenwart, Novalis 1978.
- Hammarskjöld, Dag, Zeichen am Weg, Droemer Knaur 1965.
- Jungk, Robert, Trotzdem, Hanser 1993.
- Leboyer, Frederick, Das Fest der Geburt, Kösel 1982.
- Macy, Joanna, Die Reise ins lebendige Leben, Junfermann 2003.
- Marti, Lorenz, Eine Hand voll Sternenstaub, Kreuz 2012.
- Moltmann-Wendel, Elisabeth, Ein eigener Mensch werden, Gütersloher 2002.
- Murano, Luisa, Die symbolische Ordnung der Mutter, Campus 1993.
- Praetorius, Ina, Handeln aus der Fülle, Gütersloher 2005.
- Sölle, Dorothee, Mystik und Widerstand, Hoffmann und Campe 1997.
- van Ogtrop, Verena, Europäische Meditation, Euro Verlag 1984.
- Weber-Kellermann, Ingeborg, Das Buch der Weihnachtslieder, Schott 1982.
- Wöller, Hildegunde, Ein Traum von Christus, Kreuz 1987
- Zink, Jörg, Dornen können Rosen tragen, Kreuz 1997

- Gedichte von Ingeborg Bachmann, Hilde Domin, Rose Ausländer, Rainer Maria Rilke. Musik von Arvo Pärt und Johann Sebastian Bach.

- **Langer, Heidemarie**

- *Bücher:*
Vielleicht sogar Wunder, Heilungsgeschichten im Bibliodrama, Books on Demand 2001
Blickkontakte, ungewöhnliche Begegnungen mit Jesus, Kreuz-Verlag 2013

- *CD:*
das Kind (Rundfunksendung Heiligabend 1985)
Weitergehen – heilende Texte und Musik (Claus Bantzer)
Leben ist Begegnung – Stimmen und Musik zum Buch Blickkontakte
   (mit Friedrich Brandi und Ensemble Trigon)

- *Weitere Veröffentlichungen und Informationen:*
www.heidemarie-langer.de

- **Quellennachweis**

1 S. 18: Gregor Linßen, „Ein Licht in dir geborgen", aus: Lied vom Licht. Text & Musik: Gregor Linßen, © T/M 1990 Edition GL, Neuss.
S. 100, Bild: „Singende Frau": Dina Cormick, Durban – South Africa
2 S. 119: nach Heidemarie Langer, „Das Glöckchen spricht", aus: Barbara Mürmann (Hg.), Weihnachtsgeschichten am Kamin (29). © 2014 Rowohlt Verlag GmbH, Reinbek bei Hamburg.
3 S. 122: Dietrich Bonhoeffer, „Von guten Mächten wunderbar geborgen". © 2001, Gütersloher-Verlagshaus, Gütersloh, in der Verlagsgruppe Random House GmbH.

Lied- und Bibelstellenverzeichnis

Lieder

EG 1, 1 – 2	24
EG 1, 4	54
EG 7, 1	20
EG 7, 4 – 5	22
EG 8, 1	14
EG 8, 2 – 3	16
EG 11, 1 – 2	12
EG 11, 3	38
EG 11, 4 – 5	40
EG 11, 7	42
EG 16, 1 – 2	102
EG 16, 3 – 4	104
EG 23, 4	130
EG 24, 1	76
EG 30, 1	44
EG 30, 3	46
EG 30, 2	48
EG 36, 1	88
EG 36, 2.5	94
EG 36, 6	98
EG 37, 1 – 2	136
EG 37, 3	138
EG 37, 4	142
EG 37, 9	144
EG 43, 1 – 4	86
EG 46, 1.3	66
EG 52, 1 – 4	60
EG 52, 5 – 6	64
EG 65, 1 – 2.6 – 7	122
Gotteslob 224, 1.3	50
Gotteslob 534, 1 – 2	80
Gotteslob 534, 3 – 4	82

Bibelstellen

Jesaja 11,1	126
Jesaja 60,1	54
Matthäus 2,1 – 2.9 – 11	140
Matthäus 2,11	144
Matthäus 2,13	96
Lukas 1,5 – 12	32
Lukas 1,13 – 20	34
Lukas 1,21 – 24	36
Lukas 1,24 – 25	40
Lukas 1,26 – 31	44
Lukas 1,34 – 35	46
Lukas 1,36 – 37	48
Lukas 1,39 – 45	50
Lukas 2,3 – 5	68
Lukas 2,6 – 7	84
Lukas 2,8 – 14	88
Lukas 2,15 – 16	92
Johannes 1,1 – 4.14	76